반도체 패권전쟁

10년 후 한국 반도체는 살아남을 수 있을까

반도체 패권전쟁

10년 후 한국 반도체는 살아남을 수 있을까

초판 1쇄 발행 ∣ 2025년 2월 19일

지은이 ∣ 이주완
펴낸이 ∣ 정병철
펴낸곳 ∣ ㈜이든하우스출판

등 록 ∣ 2021년 5월 7일 제2021-000134호
주 소 ∣ 서울시 마포구 양화로 133 서교타워 1201호
전 화 ∣ 02-323-1410
팩 스 ∣ 02-6499-1411
이메일 ∣ eden@knomad.co.kr

ISBN ∣ 979-11-94353-15-7 (13320)

㈜이든하우스출판은 여러분의 소중한 원고를 기다립니다.
책에 대한 아이디어와 원고가 있다면 메일 주소 eden@knomad.co.kr로 보내주세요.

| 10년 후 한국 반도체는 살아남을 수 있을까 |

반도체 패권전쟁

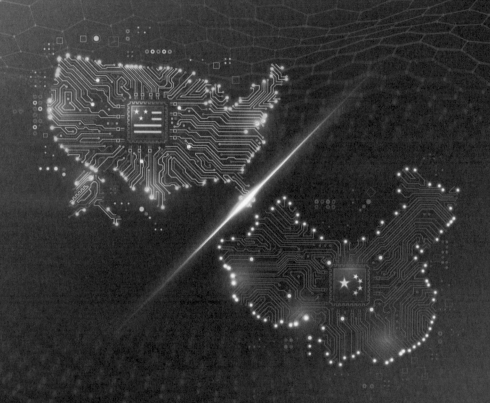

반도체 산업 대격변, 새로운 기회를 읽다

이주완 지음

EDEN
HOUSE

차례

현대인은 자신이 인식하든 못 하든 디지털 시대에 살고 있습니다. TV, 휴대폰, 가전제품, 자동차, 영상, 음악 등 우리가 일상에서 접하는 대부분의 것들이 디지털화되어 있습니다. 디지털이 일상이 되다 보니 소위 'MZ세대'라 일컬어지는 젊은 층에서는 레트로retro(복고풍) 감성이 진하게 배어나는 아날로그 제품에 대한 향수가 새로운 트렌드로 자리 잡고 있습니다. 필름카메라, LP 턴테이블, 완행 기차여행 같은 것들 말이죠.

기술적으로 표현해 보면 우리가 접하는 모든 시각적, 청각적, 수리적 정보를 숫자 0과 1로 구성되는 이진법으로 표현하는 것이 디지털입니다. 그리고 다양한 정보를 이진수로 변환해 주는 장치가 바로 반도체이지요. 물론 반도체는 이진수를 다시 원래의 정보로 복원하는 역할도 합니다. 그래서 저는 '디지털=반도체'라는 공식이 반도체의 매우 적절한 정의라고 생각합니다.

반도체는 이미 현대인의 삶에 매우 깊숙이 들어와 있으며, 우리 모두는 자신도 모르는 사이 매일 반도체를 사용하고 있는 셈이지요. 인식하지 못하지만 공기와 물이 없으면 생명체가 살아갈 수 없듯이 반도체 없이는 일상의 삶이 불가능한 시대에 우리는 살고 있습니다. 개인의 삶에만 국한되지 않습니다. 극단적으로 표현하면 반도체가 사라질 때 모든 산업과 경제가 멈춰 버리게 됩니다. 앞서 이야기했듯이 우리 주변의 모든 것이 디지털화되어 있으니까요.

디지털 시대의 필수불가결한 요소가 반도체입니다. 그러면 동서양을 막론하고 반도체 기술과 공급망을 확보하기 위해 혈안이 되어 있는 현 상황을 자연스럽게 이해할 수 있습니다. 과거에 식량, 원유, 금속광물, 향료 등을 확보하기 위해 대항해 시대, 식민지 시대가 전개되었듯 바야흐로 이제는 반도체를 확보하기 위한 무한 경쟁 시대가 시작된 것입니다. 본서에서는 '반도체 패권전쟁'이라고 부르겠습니다.

미래는 현재가 결정하고, 현재는 과거의 유산으로부터 파생되어 형성됩니다. 현재 진행되는 반도체 패권전쟁의 의미를 이해하고, 앞으로 어떤 방향으로 전개될지를 알기 위해 그동안 반도체 세계에 어떤 일들이 있었고, 그 주역들은 지금 어떻게 되었는지를 하나하나 살펴볼 생각입니다. 이러한 일련의 역사적 사실을 이해하고 나면 현재 진행 중인 미국, 중국, 일본, 한국, 대만의 각 축전이 결코 새로운 현상이 아님을 깨닫게 되겠지요.

『반도체 패권전쟁』이 지향하는 바는 단순히 국가 간 경쟁 상황을 이해하는 선에서 그치지 않습니다. 더욱 중요한 것, 즉 한국의 반도체 기업들이 미래에도 살아남기 위해서는 지금 어떠한 노력을 해야 할지에 대해 필자가 오랜 기간 끊임없이 고민해 온 내용들을 독자 여러분과 나누려고 합니다.

다시 말해 반도체 패권전쟁에 대해 이야기하는 것이 아니라 패권전쟁에서 승자가 되기 위한 얘기를 하자는 뜻이지요. 모쪼록 기업, 정부, 투자자 모두에게 작은 도움이 될 수 있기를 희망합니다.

반도체 패권전쟁

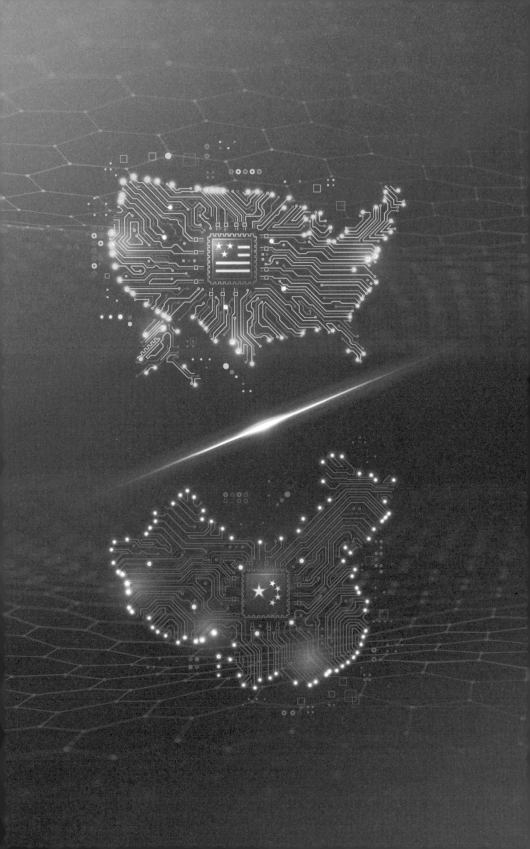

1장

치킨게임,
패권전쟁의
또 다른 이름

DRAM 구조조정의 역사

대한민국이 반도체 강국이라는 말은 신문, 방송 등을 통해 많이 접했을 것입니다. 좀 더 정확하게는 메모리에 국한된 이야기지만, 일반적으로 우리나라가 반도체 강국이라는 사실을 인정합니다. 우리에게 친숙한 DRAM^{Dynamic Random Access Memory}(동적 랜덤 접근 메모리)의 경우 삼성전자와 SK하이닉스를 합산하면 전 세계 시장 점유율이 77%에 달하고, NAND의 경우 60% 정도 됩니다. 양적 우위만이 아니라 첨단 기술력에 있어서도 DRAM과 NAND 는 한국 기업들이 가장 앞서 있지요.

현재의 반도체 강국, 구체적으로는 메모리 강국이 되기까지의 과정이 순탄하지만은 않았습니다. 반도체 기술의 종주국이 미국이고, 미국의 후계자라 할 수 있는 나라는 일본입니다. 유럽과 대만 역시 방관자는 아니었습니다. 따라서 초기 메모리 시장은 거의 전 세계 국가들의 각축장이었습니다. 후발주자인 한국 기업들이 오늘날과 같은 위상을 누리게 된 것은 가히 존경받을 만한 쾌거입니다.

치열했던 치킨게임의 승자들

DRAM 쪽을 먼저 알아볼까요? 현재 DRAM 시장은 삼성전자, SK하이닉스, 그리고 미국의 마이크론 등 3개 기업이 장악하고 있습니다. 세 기업의 시장점유율을 합하면 자그마치 97%입니다. 완전한 과점을 형성하고 있죠. 당분간 DRAM의 3사 과점 체제가 붕괴되긴 힘들 듯합니다. 이들은 혹독한 구조조정을 거치며 생존한 강자들이거든요. 그동안 어떤 기업들이 이 혹독한 경쟁을 견디지 못하고 도태되었는지 살펴보겠습니다.

1990년대의 DRAM 시장은 과거 중국의 춘추전국시대를 연상시킬 만큼 절대 강자 없이 많은 기업이 경쟁하는 시기였습니다. 당시 한국 기업으로는 삼성전자, LG반도체, 현대전자 등 세 기업이 있었고요. 미국에도 모토로라, IBM, 마이크론, TI^Texas Instrument 등 쟁쟁한 기업들이 존재했죠.

일본 역시 NEC, 후지쯔, 미쓰비시, 히타치, 도시바 등 거물급 DRAM 기업을 보유하고 있었습니다. 여기서 끝이 아닙니다. 유럽에도 인피니언이 건재했습니다. 국가로 보면 미국, 일본, 한국, 유럽(독일) 모두 DRAM 패권을 유지하고 있었다고 해석할 수 있습니다. 물론 대만에도 윈본드 등 일부 DRAM 업체가 존재했습니다.

1995년 기준 DRAM 시장점유율 스코어보드에 이름을 올린 기업만 15개에 달했습니다. 이들은 최소한 1% 이상의 글로벌 점유율을 차지하던 기업들이었는데요. 이보다 작은 규모의 DRAM 업체는 일일이 열거하기도 어렵습니다. 그런데 여러 차례 치킨게임을 거치며 현재의 3사 체제로 굳어집니다.

DRAM 업계의 구조조정

치킨게임을 거치며 무수히 많은 파산과 합병이 이루어졌는데요. 이 과정에서 유럽과 일본의 기업들이 전멸하게 됩니다. 그럼 DRAM 구조조정 역사의 이정표가 되는 몇 가지 사건을 짚어 보겠습니다.

먼저, 1998년 미국의 TI가 메모리 사업을 접게 됩니다. 이때 마이크론이 TI의 메모리 사업을 통째로 인수하며 덩치를 키우기 시작하지요. 앞으로도 구조조정 과정에서 마이크론이 자주 등장하니 기억해 두면 좋겠습니다.

TI의 메모리 사업은 같은 미국 기업인 마이크론에게 그대로 승계되었기 때문에 미국은 메모리 패권 다툼에서 생존합니다. 그리고 이듬해인 1999년에 LG반도체와 현대전자가 합병되며 현대 반도체가 탄생하는데, 현재 SK하이닉스의 전신입니다.

반도체 기업 수가 줄긴 했지만 한국 기업 간의 합병이라 한국역시 메모리 패권 다툼에서 건재할 수 있었습니다. 아쉬운 점은이 과정에서 우리나라의 유능한 엔지니어들 다수가 미국, 대만,싱가포르 등으로 유출되었다는 점입니다. 반도체 역사를 연구하는 이들은 이때의 엔지니어 유출로 인해 마이크론의 기술력이 급격히 상승했다고 봅니다. 당사자들이 원치 않는 합병이 진행될경우에 피인수 기업의 우수 인력이 이탈하는 문제는 항상 존재했던 사안이기 때문이죠.

미국과 한국의 반도체 구조조정이 먼저 진행된 후, 일본의 구조조정이 시작되었습니다. 2001년 도시바가 NAND 부문만 남기고 DRAM 사업을 완전히 매각하는데요. 이때 미국 기업인 마이크론이 도시바의 DRAM 사업 전체를 인수했습니다. 주목할만한 것은 이전까지는 구조조정이 동일 국가 내에서 이루어져서한 국가의 DRAM 역량은 그대로 유지되었는데, 비로소 반도체역량이 국경을 넘어 이동하기 시작했다는 점입니다. 일본 DRAM의 몰락이 이 시기부터 시작되었죠.

도시바의 DRAM 포기 이후에도 일본 DRAM 산업의 구조조정은 끝나지 않았습니다. 마이크론이 도시바를 인수한 바로 다음 해인 2002년, 한국과 유사하게 정부 주도로 대규모 합병이 이루어지죠. NEC, 미쓰비시, 히타치 세 기업의 메모리 부문을 모두통합하여 하나의 커다란 반도체 회사를 만들었는데요. 바로 엘피다입니다. 일본 역시 국가 차원에서 DRAM 패권을 유지하기 위해 고육지책을 냈다고 봐야겠죠.

이렇게 미국, 한국, 일본의 반도체 구조조정이 차례로 진행되며 많은 기업이 DRAM 스코어보드에서 사라졌습니다. 그 결과로 1995년에 15개였던 기업 수가 2008년이 되면 8개로 축소됩니다. 절반에 가까운 플레이어가 시장에서 퇴출된 것이죠. 이때까지만 해도 위상의 변화는 있을지언정 미국, 일본, 한국, 유럽 모두 DRAM 패권을 유지하는 중이었습니다.

불황기에 진행되는 구조조정

반도체 산업은 전형적인 사이클 산업 가운데 하나입니다. 다시 말해 호황기와 불황기가 지속적으로 교차하는 특성을 지닙니다. 앞서 언급한 일본의 대대적인 구조조정이 있었던 2002년은 메모리 산업이 심각한 불황을 겪었던 시기입니다. 그리고 2009년 또다시 심각한 불황이 닥쳤는데요. 이때 독일의 키몬다가 파산을 맞이합니다.

키몬다는 인피니언이 메모리 부문을 분사해 설립한 자회사입니다. 어찌 보면 유럽 DRAM 패권의 마지막 보루였는데요. 키몬다가 파산함에 따라 유럽은 DRAM 패권 경쟁에서 완전히 탈락하고 맙니다. 기업 간의 치킨게임이 국가 간의 패권을 차지하기 위한 전쟁으로 확대되는 순간이었습니다.

유럽이 DRAM 패권전쟁에서 중도 하차하고 3년이 지난 2012년에 다시 한번 불황이 찾아옵니다. 이번 희생자는 일본이었습니다. 이미 재정 상태가 악화되어 금융권 차입에 의존하던 엘피다는 결국 부채 만기 연장에 실패해 파산하고 맙니다.

이때 엘피다 인수에 적극 나선 기업이 또 미국의 마이크론입니다. TI와 도시바를 연속 인수하며 덩치를 키운 마이크론이 엘피다마저 삼키며 DRAM 시장 TOP 3에 자리매김하게 됩니다. 동시에 일본은 유럽과 마찬가지로 DRAM 패권전쟁에서 완전히 하차하는 결말을 맞이하고요. 이렇게 희비가 엇갈리죠.

앞에서 설명했듯이 마이크론은 지속적인 합병을 통해 성장한 기업입니다. 마이크론, TI, 도시바, 엘피다 등 자그마치 4개의 DRAM 기업이 통합된 연합군이라고 할 수 있죠. 생산 규모만 놓고 보면 마이크론은 삼성전자의 뒤를 이어 세계 2위입니다. 2022년 기준, 선단 공정Leading Edge Tech 생산 능력 점유율은 삼성전자(32%), 마이크론(25%), SK하이닉스(19%), TSMC(9%), 키옥시아/WDWestern Digital(5%)의 순서입니다. 그러나 다양한 기술적, 문화적 배경을 지닌 기업들로 구성되다 보니 효율성이 떨어지는 점은 어쩔 수가 없습니다. 생산 규모는 크지만 DRAM 시장점유율은 만년 3위를 벗어나지 못하는 현실이죠.

다시 시작된 불황

마이크론의 엘피다 인수는 반도체 역사에 있어 매우 커다란 이 정표이기 때문에 조금 더 설명하겠습니다. 이 합병은 당시 반도체 업계에서 상당히 중요한 딜이었습니다. 필자가 마이크론과 엘피다의 재무제표를 상세히 분석해 보았는데요. 매우 바람직하지 못한 인수·합병이라는 결론을 얻었습니다. 바람직한 인수·합병은 자신이 보유하지 못한 기술과 역량을 확보한 우량 기업을 인수하는 것입니다. 그런데 마이크론의 엘피다 인수는 파산한 부실 기업을 인수하는 상황이었습니다. 한마디로 첫 단추부터 잘못 끼워졌죠.

당시 마이크론은 부채비율 42.4%, 유동부채비율 20.6%, 매출액영업현금비율 24%의 비교적 견실한 기업이었는데요. 영업이익률 -31%의 부실 기업인 엘피다를 인수하면 재무 건전성이 크게 악화될 수밖에 없었습니다. 연간 조 단위의 적자를 내고 있던 엘피다의 낮은 수익성도 문제였지만 모기업인 마이크론보다 40%나 더 많은 엘피다의 부채가 마이크론의 발목을 잡을 가능성이 높았던 거죠. 그뿐만이 아니었습니다. 엘피다의 부채 중 상당 부분은 1년 이내에 만기가 도래하는데 엘피다는 자체적으로 부채를 상환할 능력이 없어 마이크론이 대신 상환해야 한다는 부담도 존재했습니다.

엘피다의 높은 모바일 DRAM 점유율 등을 고려할 때 좋은 조건에서 인수한다면 일부 경영 효율화를 통해 시너지를 기대할 수 있겠지만 당시 마이크론이 제시한 인수 조건(3,000억 엔, 한화 약 4.2조 원)은 다소 과도한 수준이었습니다. 또 부채 탕감, 만기 연장 등이 병행되지 않으면 합병 후 성공 여부가 불투명한 위태로운 상황이었습니다.

당시 1차 매각 제안에 응했던 SK하이닉스가 2차에는 응찰하지 않은 이유도 비슷합니다. 경쟁사들이 제시하는 수준의 금액을 지불할 경우에 엘피다 인수의 실익이 없다고 판단했기 때문으로 풀이됩니다. 차라리 그 돈으로 NAND 시설을 확충하는 편이 유리하다고 판단했겠죠.

여기서 다소 이해할 수 없는 상황이 발생합니다. 앞서 언급했듯이 마이크론은 자체적으로 엘피다를 인수하기 어려운 상황이었는데요. 엘피다의 매각 주체인 일본 금융 기관들이 '10년 분할 상환'이라는 파격적인 조건을 제시했던 것입니다. 골치덩어리를 빨리 처분하겠다는 계산이었겠지만 일본으로서는 오랫동안 후회할 선택입니다.

만약에 일본 금융 기관들이 만기 연장에 합의해 주고 정부에서 일부 공적 자금을 투입했더라면 어땠을까요. 일본이 아직 DRAM 패권을 유지하고 있을 거라는 게 필자의 의견입니다. 이렇듯 개별 기업의 이해관계와 국가 단위의 패권전쟁은 반드시 일치하지 않지요. 현재 미국 정부가 반도체 시장에 적극적인 개입을 하는 것도 과거 일본, 유럽의 전철을 밟지 않으려는 조치로 이해할 수 있습니다.

　결론적으로 2008년 존속했던 8개 DRAM 기업 중 키몬다는 파산하고 프로모스^{Promos}는 글로벌 파운드리에 인수되었으며 난야와 파워칩은 실질적으로 마이크론에 예속된 상황입니다. 이로써 삼성전자, SK하이닉스, 마이크론 3사 체제가 확립되었고, 국가별로는 미국과 한국만 DRAM 패권을 유지하게 되었습니다.

　엘피다의 파산은 DRAM 산업의 과점화를 완성시키는 마침표이자 동시에 사이클 산업인 반도체 시장의 불황 저점을 높이는 결과를 가져왔습니다. 가격 경쟁이 약해지며 전반적인 수익성이 높아진 것이죠. 그 결과, 2012년 전후로 불황기 최저점의 메모리 기업 영업이익률이 적자 영역에서 흑자 영역으로 상향됩니다. 엘피다가 마이크론에 인수된 후 2022년 3분기까지 메모리 기업들은 40분기 연속 흑자를 기록하며 이를 증명했습니다. 다만 2023년 불황기에 다시 적자로 돌아서는데요. 반도체 사이클에 기인한 공급 과잉에 금리 인상, 러시아-우크라이나 전쟁 등이 중첩되어 나타난 결과로 해석할 수 있습니다.

[표1] DRAM 산업 구조조정 현황

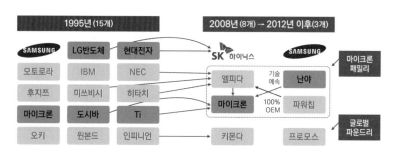

출처 : 이주완

[표2] DRAM 시장점유율(2024년 3분기)

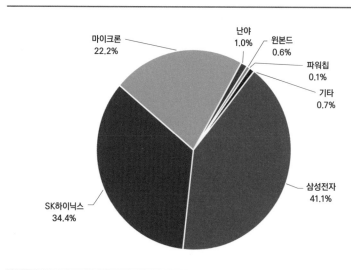

출처 : 트렌드포스

[표 3] 통합 전·후 마이크론, 엘피다 재무 현황

항목	마이크론		엘피다		합병사
	100만 달러	1억 원	10억 엔	1억 원	1억 원
자산	14,139	161,255	764.6	107,047	268,302
현금성 자산	2,094	23,882	97.4	13,641	37,523
부채	4,210	48,015	481.8	67,452	115,467
유동부채	2,045	23,323	319.1	44,667	67,990
자본	9,929	113,240	282.8	39,595	152,835
부채비율	42.4	-	170.4	-	75.6
유동부채비율	20.6	-	112.8	-	44.5
매출	10,693	121,954	311.7	43,641	165,595
영업이익	135	1,540	-97.5	-13,656	-12,116
영업이익률(%)	1.3	-	-31.3	-	-7.3
영업활동 현금흐름	2,562	29,220	23	3,212	32,432
매출 대비 영업활동 현금흐름 비율(%)	24.0	-	7.4	-	19.6

* 엔/달러 환율 79.76, 원/달러 환율 1140.5 적용

출처 : 이주완

| 02 |

NAND 시장 재편

NAND에 대해서 알아보겠습니다. NAND는 상대적으로 DRAM보다 늦게 상용화되었습니다. 또 금액 기준 시장 크기도 아직은 DRAM에 미치지 못합니다. 그러나 용량 기준으로는 NAND 시장이 DRAM 시장의 40배 가까이 되지요.

『반도체 패권전쟁』은 기술서가 아닌 관계로 반도체의 원리 등 기술적인 내용을 깊이 다루진 않지만, DRAM과 NAND의 차이는 언급해 보려고 합니다. 알아두면 유용한 지식입니다. 데이터를 기록하는 반도체를 메모리 반도체라고 합니다. 그리고 메모리 반도체는 전원을 끄고 나서 데이터가 보존되는지 여부에 따라 휘발성 메모리와 비휘발성 메모리로 구분합니다.

휘발성 메모리는 전원을 끄는 순간 모든 데이터가 삭제됩니다. 마치 알코올이 휘발되어 공기 중에 사라지는 것처럼요. 휘발성 메모리의 대표적인 제품이 DRAM입니다. DRAM은 일종의 임시 기억 장치인데요. CPU, GPU, NPU 같은 로직 디바이스의 보조 역할을 수행합니다. 예를 들어 우리가 문서 작업 중에 복사, 붙여 넣기 등을 하면 DRAM이 잠깐 그 데이터를 기억합니다. HDD나 SSD 같은 주 기억 장치에 저장했다 다시 불러오려면 시간이 많이 걸리기에 임시 기억 장치가 필요한 것이지요. 이러한 임시 기억 장치는 전체적인 연산 속도와 사용자의 편의성을 높여 줍니다.

반면에 비휘발성 메모리는 전원을 끄더라도 데이터가 보존됩니다. 그래서 사진, 동영상, 문서, 음악 파일 등을 저장하는 용도로 사용됩니다. 휴대폰이나 PC 등에 어떤 형태의 자료를 저장하면 DRAM이 아닌 NAND가 기억합니다. SSD^{Solid State Drive}가 바로 NAND의 조합으로 이루어진 저장 장치입니다.

5강 체제로 경쟁 중인 NAND 시장

DRAM 시장이 2012년에 이미 3사 체제로 굳어진 데 비해 NAND 시장은 여전히 경쟁이 치열합니다. DRAM의 3강인 삼성전자, SK하이닉스, 마이크론 외에 키옥시아(舊 도시바)와 웨스턴 디지털이 5강을 형성하고 있고요. 또한 애플 등 규모가 작은 업체들도 생존해 있습니다.

NAND 시장도 현재의 구도가 안착하기까지 몇 차례의 우여 곡절과 구조조정이 존재했습니다. NAND가 본격적으로 상용화 되기 시작한 건 2000년대 중반이라 역사는 비교적 짧은 편입니다. NAND와 같은 메모리를 플래시flash 메모리라고 하는데요. 초기에는 같은 플래시 메모리 계열인 NOR가 먼저 상용화되었고, 시장 형성도 빨랐지요. 그러다가 비록 정확도는 떨어지지만 쓰기 속도가 빠르고 가격이 저렴한 NAND가 대세로 자리 잡습니다. 지금은 플래시 메모리를 언급하면 누구나 NAND를 떠올릴 정도가 되었습니다. 현재 NOR는 저장 장치보다는 코딩 용도로 통신 등에서 사용됩니다.

DRAM과 비교하면 NAND는 상대적으로 시장 초기에도 경쟁사 수가 많지 않았습니다. 이미 DRAM 구조조정을 통해 메모리 반도체에서 손을 뗀 기업이 많았던 때문이죠. 어떻게 보면 사전에 기본적인 치킨게임이 끝난 상태라고 보면 됩니다. 그렇기에 시장이 재편되는 과정에서 언급할 만한 이벤트도 DRAM 만큼 화려하지 않습니다. 도시바와 인텔 정도만 기억하면 됩니다. DRAM 치킨게임을 설명할 때 2012년 불황기에 엘피다가 파산하고 마이크론에 매각된 이벤트까지 살펴보았습니다.

웨스팅하우스의 파산

엘피다 파산 후 다시금 심한 불황이 찾아온 것은 2017년입니다.

DRAM은 이미 3사 과점 체제가 확립되었기에 더 이상의 구조조정은 없었습니다. 그런데 NAND 쪽에서 문제가 생기기 시작했죠. 첫 번째 사건의 주인공은 도시바입니다. 도시바는 2001년 위기를 겪으며 DRAM 사업을 마이크론에 넘긴 아픔이 있습니다.

　DRAM 사업을 접고 NAND만 유지한 채 반쪽짜리 메모리 기업으로 근근이 버티던 도시바는 다시 경영 악화에 시달리게 됩니다. 문제의 발단은 도시바가 2006년 인수한 미국의 웨스팅하우스였습니다. 웨스팅하우스는 원자력 발전소 전문 기업인데요. 2011년 일본 대지진 때 원자로 멜팅 다운에 따른 기업 신뢰도 하락과 전 세계적인 탈원전 분위기가 겹치며 경영 상태가 악화일로를 걷습니다.

　도시바는 웨스팅하우스로 인한 손실을 메우기 위해 알짜 사업을 하나씩 매각하기 시작했고, 급기야 실적을 조작하고자 분식회계까지 저지르고 맙니다. 이것이 금융당국에 발각되며 결국 웨스팅하우스는 파산했고요. 모회사인 도시바 또한 치명적인 손실을 입습니다. 존폐 위기에 놓인 도시바는 알짜 사업인 NAND 부문을 살리려고 2017년 분사를 결정, 지분의 49%를 해외 컨소시엄에 매각합니다. SK하이닉스도 이때 재무적 투자자로 참여해 도시바 메모리의 주주가 됩니다.

SK하이닉스의 NAND 확장

도시바의 반도체 자회사인 도시바 메모리는 2년 뒤인 2019년에 키옥시아로 명칭을 바꾸며 심기일전하는데요. 원래는 도시바 메모리를 빠르게 상장해 투자자들이 자금을 회수할 계획이었습니다. 그러나 2024년 12월 뒤늦게 상장되며 투자자들의 셈법이 복잡해졌습니다. SK하이닉스도 4조 원의 자금이 물린 상태입니다.

2020년의 전 세계적 이벤트가 무엇이냐고 물으면 대부분 코로나19를 떠올릴 것입니다. 하지만 반도체 업계에서는 다른 중요한 이벤트가 있었는데요. 인텔이 NAND 사업을 매각한 것입니다. 인텔은 영원한 CPU 최강자로 기억되기에 NAND를 만들었다는 사실을 아는 사람이 많지 않습니다. 사실은 꾸준히 시장점유율 8~10%를 유지하는 중위권 업체였습니다.

도시바가 위기를 겪었던 2017년은 다행히도 무사했지만 2020년의 반도체 불황은 인텔도 피할 수 없었습니다. 결국 인텔의 NAND 사업은 SK하이닉스로 넘어가는데요. 미국의 NAND 패권 입지가 약해지는 순간이죠. 이제 미국은 마이크론 하나에 의존해 메모리 패권을 유지하게 되었습니다.

SK하이닉스 입장에서는 어땠을까요. 도시바 지분과 인텔 사업부를 차례로 인수하며 DRAM에 비해 상대적으로 취약한 NAND 지배력을 강화하는 전기를 마련합니다. 인텔 수준이었던 점유율이 2위로 급상승하며 마이크론과 키옥시아를 가볍게 추월했습니다.

이와 같은 일련의 구조조정을 겪으며 NAND의 경쟁 구조는 변화를 겪습니다. 2015년과 2024년의 시장점유율을 비교해 보면 인텔의 퇴출과 이로 인한 SK하이닉스의 점유율 상승이 가장 눈에 띕니다. 다행스럽게도 시장 1위인 삼성전자의 시장 지배력도 함께 높아졌습니다.

NAND 패권의 이동

여기서 잠깐 키옥시아와 웨스턴디지털의 관계를 짚어 보겠습니다. 두 기업은 운명 공동체에 가깝다고 볼 수 있습니다. 미국 SSD 업체인 웨스턴디지털은 독자적인 NAND 공장을 보유하고 있지 않습니다. 공동 투자 형식으로 키옥시아 생산량의 일부를 자신의 브랜드로 가져가는 구조입니다. 그래서 2017년 도시바의 지분 매각 때 웨스턴디지털은 강하게 반대했죠. 자신들이 필요한 NAND 물량을 안정적으로 확보하지 못할 수도 있다는 우려 때문이었습니다.

필자는 양 사의 점유율을 합산한 값을 키옥시아의 점유율로 보는 것이 더 정확하다고 판단합니다. 이들의 합산 점유율은 9년 사이 8%p 정도 낮아졌고, 한국 기업들의 점유율은 약 15%p 상승했습니다. 그리고 도시바/웨스턴디지털 합산 점유율의 장기 추세선을 그려 보아도 2022년부터 하향 곡선을 그리고 있음이 보입니다. NAND 패권이 일본에서 한국으로 이동하고 있다는 의미입니다.

SK하이닉스의 경우 인텔의 NAND 사업부를 인수할 당시 양사의 기술 방식이 달라 시너지를 전혀 기대할 수 없었고, 인텔의 NAND 사업부(솔리다임^{Solidigm})이 지속적으로 적자를 기록해 우려가 컸습니다. 그런데 갑자기 AI 시대가 열리며 HBM^{High Bandwidth Memory}과 더불어 기업용 e-SSD 수요가 폭발적으로 증가했는데요. 이때 솔리다임의 주력 제품이 e-SSD라 이제는 효자 사업부가 되었습니다.

[표 4] **NAND 시장점유율(2015년)**

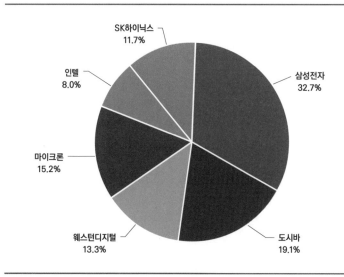

출처 : 트렌드포스

[표5] NAND 시장점유율(2024년 3분기)

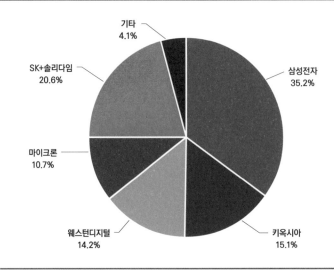

삼성전자
35.2%

키옥시아
15.1%

웨스턴디지털
14.2%

마이크론
10.7%

SK+솔리다임
20.6%

기타
4.1%

출처 : 트렌드포스

[표6] 키옥시아, 웨스턴디지털 NAND 합산 점유율

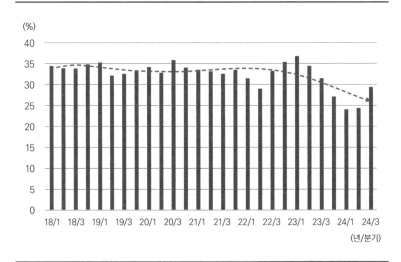

출처 : 트렌드포스

[표 7] 삼성전자, SK하이닉스 NAND 합산 점유율

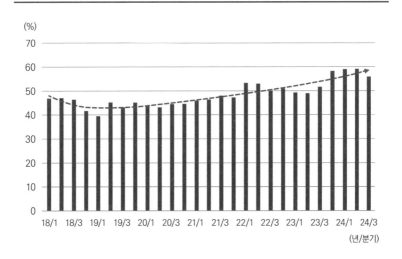

출처 : 트렌드포스

사이클 산업의 숙명, 치킨게임

DRAM과 NAND 시장의 구조조정 역사를 살펴보면서 이제 독자 여러분도 눈치 챘을 겁니다. 메모리 반도체 산업의 구조조정은 항상 반도체 사이클상 '불황기'에 발생했다는 사실을요. 반도체 구조조정이라는 표현을 쓰지 않고, 굳이 메모리 반도체 구조조정이라는 표현을 사용한 것은 다 이유가 있습니다. 이에 대한 해답은 4장 '한국 반도체의 취약점'에서 설명하겠습니다.

앞에서는 불황이라는 표현을 사용하지 않았지만 TI의 메모리 매각과 LG반도체와 현대전자의 합병도 1998~1999년의 반도체 불황 사이클에 발생했고, 일본의 대대적인 구조조정을 통해 엘피다가 탄생한 2002년도 불황기였습니다. 또한 독일의 키몬다가 파산한 2009년과 엘피다가 파산하고 마이크론에 매각된 2012년도 마찬가지입니다.

DRAM의 구조조정이 마무리되면서 치킨게임은 끝났다고 생각했는데요. NAND가 남아 있었네요. 2017년 불황기에 도시바가 죽음의 문턱을 넘으며 키옥시아가 탄생했고, 2020년 불황기에는 인텔이 사업을 포기하고야 말았습니다.

4년 주기로 반복되는 메모리 반도체 사이클

1996년부터 2024년까지 총 7번의 메모리 반도체 불황기가 있었습니다. 2020년까지 7번의 굵직한 구조조정이 발생한 결과로 현재의 DRAM 3사, NAND 5사 체제가 완성되었습니다. 그리고 최근인 2023년 불황기에는 삼성전자마저 위상이 땅에 떨어지고 위기론에 휩싸이며 8번째 희생자가 되고 말았습니다. 삼성전자의 위기는 여전히 진행형이고요.

정리하면 28년 동안 7번의 불황기와 7번의 구조조정이 있었습니다. 반도체 사이클의 주기가 평균 4년 정도라 이와 같은 수치가 나오는 것입니다. 그럼 한 주기 내에 호황기와 불황기는 각각 어느 정도나 차지할까요? 균등하게 2년씩이면 좋겠지만, 현실은 호황기 1.5여 년과 불황기 2.5여 년의 비대칭적인 경우가 일반적입니다.

[표 8] 반도체 사이클과 구조조정

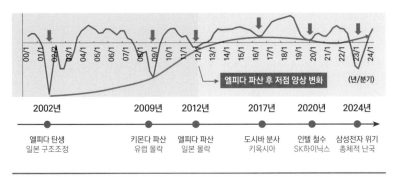

2002년	2009년	2012년	2017년	2020년	2024년
엘피다 탄생 일본 구조조정	키몬다 파산 유럽 몰락	엘피다 파산 일본 몰락	도시바 분사 키옥시아	인텔 철수 SK하이닉스	삼성전자 위기 총체적 난국

출처 : 이주완

반도체, 특히 메모리 사업을 유지하려면 1.5년 동안의 짧은 호황기에 최대한 많은 돈을 벌어 2.5년 동안의 불황기를 버텨야 한다는 결론이 도출되죠. 아니, 단지 버티기만 해서는 안 되고 불황기에도 엄청난 투자를 끊임없이 해야 합니다. 이러한 경쟁 조건이 너무도 가혹하기 때문에 수많은 글로벌 기업이 치킨게임에서 탈락하고 말았습니다.

치킨게임에서 살아남은 강자들의 세계

2025년 현재 남아 있는 기업들은 20년 이상 이러한 치킨게임에서 살아남은 강자들입니다. 아마도 상당한 맷집이 있을 테죠. 그렇지만 언제 또 치킨게임이 발생하고 누가 다음 희생자가 될지는 알 수가 없습니다. 어쨌든 반도체 사이클 주기는 4년이고, 이 사이클은 무한 반복될 것이기 때문입니다.

　일반인은 물론이고 반도체 전문가들도 늘 궁금해합니다. 반도체 사이클은 왜 생길까, 하고요. 불황기를 미리 예측할 수는 없는 것일까요? 필자는 나름의 답을 갖고 있지만 이 문제를 너무 깊이 다루면 본서의 주제인 반도체 패권전쟁에서 멀어지게 됩니다. 나중에 애널리스트 지망생들을 위한 전문서를 집필하게 된다면 그때 반도체 사이클에 대한 상세한 이야기를 풀 기회가 있지 않을까 기대해 봅니다.

반도체 사이클의 원인

『반도체 패권전쟁』에서는 반도체 사이클의 원인을 가볍게만 짚고 넘어가겠습니다. 경제학 원론 1장에 나오는 이야기입니다. '시장 경제 체제에서 재화의 가격은 수요와 공급에 의해 결정된다. 즉, 수요가 공급보다 많으면 가격이 오르고 반대로 공급이 수요보다 많으면 가격은 하락한다.'

　그런데 반도체 시장에서는 박리다매 전술이 통하지 않습니다. 가격이 오를 때 돈을 벌고, 반대로 가격이 하락하면 손실이 발생합니다. 싸게 많이 팔아 돈을 버는 경우는 없습니다. 경제학 원론에 나오는 기본 원칙이 가장 충실하게 적용되는 시장이 바로 반도체 시장입니다. 그래서 역설적이게도 가장 예측이 쉬운 것이 반도체입니다. 원리만 정확히 알고 있다면 말이죠.

반도체 시장은 경제학 원칙이 잘 적용되는 시장이기 때문에 사이클이 형성되는 원인은 너무도 단순합니다. 기업들이 수요보다 많은 반도체를 생산할 때 가격이 하락해 불황이 옵니다. 수요보다 반도체를 적게 생산하면 가격이 올라 호황이 오고요. 설명을 듣다 보면 자연스럽게 이런 의문이 생깁니다. 수요에 맞춰 적정 수량을 생산하면 불황이 오는 것을 막을 수 있지 않을까? 이론적으로는 맞습니다. 수요와 공급이 균형을 이루면 호황이 지속될 수 있습니다. 그런데 현실에서는 경쟁자의 존재로 이것이 불가능하죠.

20여 년간 치킨게임을 거치며 DRAM과 NAND 시장의 과점 체제가 완성되긴 했지만 완전한 독점은 아닙니다. 이 말은 한 기업이 공급량을 조절하고 싶어도 경쟁자들은 내 의도대로 움직여주지 않는다는 것을 의미합니다. 그렇다고 모두 모여 의논할 수도 없습니다. 곧바로 각국 정부에서 담합이라고 하면서 천문학적인 과징금을 부과할 테니까요.

수요와 공급이 불일치하는 이유

경쟁자는 존재하고 담합은 불가능하니 각자 눈치껏 생산량을 조절해 수요와 공급을 맞추는 수밖에 없습니다. 그런데 이것이 정말 쉽지가 않습니다. 모든 스포츠 경기가 그렇듯 참가자 전원이 승리할 수 있는 이상적인 방법이 존재한다고 해도 현실에서는 각자 자신만이 승리하는 길을 선택할 테니까요.

공존하는 방법을 택하면 누구나 100원을 벌 수 있고, 상대방을 이기는 방법을 택하면 승자는 200원을 벌고 패자는 100원을 잃는다고 가정해 봅시다. 거의 대부분의 참가자가 자신이 승자가 되리라 기대하면서 후자를 택합니다. 반도체 시장에서도 동일한 일이 벌어지기 때문에 호황과 불황이 순환되는 사이클이 형성되는 것입니다.

반도체 호황기를 한번 생각해 볼까요? 호황기는 공급이 수요보다 적어 가격이 오르는 시기를 말합니다. 이 시기에는 부르는 게 값이고 물건이 없어 못 파는 현상이 벌어집니다. 이론적으로는 모든 기업이 이때 생산량을 동결하면 호황이 지속될 수 있습니다.

한편으로 개별 기업의 입장에서도 생각해 봅시다. 현재 가격이 100원인데 내가 하루에 1,000개밖에 생산할 수 없어서 10만 원을 벌고 있습니다. 만약 공장을 하나 더 지어 생산량이 2,000개가 된다면 하루에 20만 원을 벌 수 있지요. 이 기업은 가격 안정화를 위해 여전히 1,000개만 생산할까요, 아니면 돈을 더 많이 벌기 위해 공장을 더 지을까요? 당연히 공장을 더 짓습니다. 호황기라 많은 돈을 벌어 충분한 자본이 있고 물건이 없어 못 파는 상황인데 생산 시설을 확대하지 않을 기업은 없습니다. 문제는 이러한 결정을 내리는 기업이 하나가 아니라는 데 있지요. 시장의 모든 경쟁자가 동일한 결정을 내립니다.

모든 기업이 생산량을 늘리면 당연히 과도한 공급이 발생합니다. 이제 공급이 수요보다 많아지죠. 이러한 상태를 공급 과잉이라고 하는데요. 공급 과잉 상태가 되면 재화의 가격은 빠르게 하락합니다. 다시 말해 불황이 오는 거죠. 반도체 시장은 이러한 일련의 루틴이 원을 그리듯이 계속해서 반복되고 있습니다.

치킨게임의 비밀

기업들은 왜 공급 과잉이 되리라는 걸 알면서도 생산을 확대할까요? 여기에 치킨게임의 비밀이 숨어 있습니다. 경쟁자가 공급량을 늘리기 시작할 때 나도 공급을 늘리면 더욱 빠르게 가격이 하락한다는 사실은 모두가 알고 있습니다. 알지만, 멈출 수가 없다는 것이 반도체 기업의 숙명입니다. 자신의 생존이 걸려 있기 때문이죠.

불황에도 불구하고 빚을 내서라도 생산 시설을 확대하지 않으면 시장점유율이 점점 낮아지고 종래에는 소멸하게 됩니다. 반도체는 규모의 경제가 중요한 대표적인 산업이라 그렇습니다. 이러한 이유로 호황기와 불황기는 끊임없이 교차되어 나타납니다. 그리고 불황기에 자본이 부족해 더 이상 투자를 집행할 수 없게 되면 시장에서 퇴출되고요. 앞서 살펴본 7번의 불황기과 7번의 구조조정이 그런 과정의 결과물입니다.

다행스러운 것은 이렇게 불황기가 지속되면 자금이 부족한 기업들이 설비 투자를 축소하는데, 이는 자연스럽게 공급 부족을 야기해 반도체 가격이 다시 오르게 된다는 점입니다. 한 사이클이 마무리되고 두 번째 사이클의 호황이 찾아오는 것이죠. 이때 불황기에 퇴출되지 않고 생존한 기업들은 다시금 돈벼락을 맞는 결과를 맞이합니다.

또 한 가지. 반도체 사이클을 예측하는 건 왜 어려울까? 하는 궁금증이 있을 겁니다. 분명히 경제학 원리가 잘 적용되는 산업이라 예측이 쉽다고 했는데 말이죠. 그 이유는 수요와 공급의 절대값을 예측하려고 하기 때문입니다.

[표9] **반도체 사이클이 형성되는 이유**

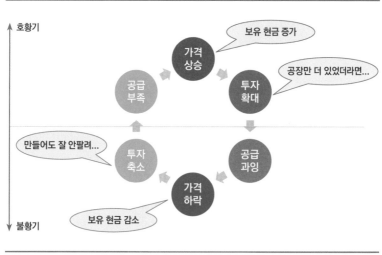

출처 : 이주완

[표 10] 반도체 예측이 틀리는 이유

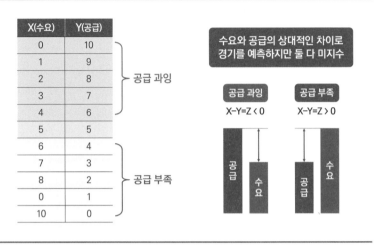

X(수요)	Y(공급)
0	10
1	9
2	8
3	7
4	6
5	5
6	4
7	3
8	2
0	1
10	0

공급 과잉

공급 부족

수요와 공급의 상대적인 차이로
경기를 예측하지만 둘 다 미지수

공급 과잉   공급 부족
X-Y=Z < 0   X-Y=Z > 0

공급 수요   수요 공급

출처 : 이주완

반도체 시장을 분석하는 대부분의 전문가들은 수요와 공급의 절대적인 수치를 예측함으로써 공급 과잉 여부를 판단합니다. 그런데 미래의 수요와 공급을 정확히 알 수 있는 방법이 있을까요? 아직까지는 존재하지 않습니다. 기업들의 설문조사 결과 등을 바탕으로 추정은 하지만 대내외 환경 변화에 따라 이 계획은 수시로 변합니다. 즉, 수요와 공급 모두 미지수입니다. 수학에서 식은 하나인데 미지수는 2개인 방정식이나 부등식은 계산이 불가능합니다. 애초에 풀 수 없는 부등식을 풀려고 하니 오답이 나올 수밖에 없죠.

반도체 패권전쟁

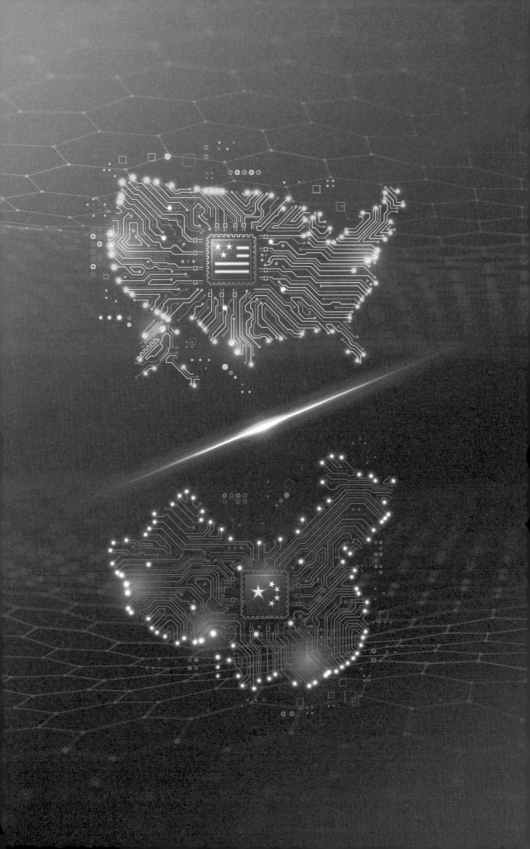

파운드리가
대체 무엇이기에

팹리스? 파운드리?

나름 반도체 전문가라고 하는 사람들 가운데서도 IDM, 팹리스, 파운드리를 혼동하는 이들이 많습니다. 본격적으로 파운드리 산업에 대한 이야기를 하기 전에 용어를 정리해 보겠습니다.

언론에 가끔 등장하는 IDM^{Integrated Device Manufacturer}은 종합 반도체 기업이라고도 하는데요. 반도체의 설계, 칩 제조, 테스트 및 패키징 등 모든 과정을 직접 수행하는 기업을 뜻합니다. 인텔, 삼성전자, SK하이닉스는 물론이고 키옥시아, 마이크론, 그리고 중국의 창신메모리^{CXMT}, 양쯔메모리^{YMTC} 등도 모두 IDM입니다.

이들 기업은 직접 반도체 소자를 설계하고 웨이퍼^{wafer}를 투입해 칩을 제조하며 테스트와 패키징까지 수행합니다. 패키징의 경우 일부 외주를 맡기기도 하나 자체적인 패키징 시설을 갖추고 있습니다. 초기 반도체 기업들은 모두 IDM이었습니다. 즉, 분업화가 형성되지 않았고 모든 과정을 혼자 수행했죠. 그런데 어느 순간 반도체 사업에 뛰어들고는 싶은데 설계부터 칩 제조, 패키징에 이르는 전 과정을 잘할 자신이 없는 기업들이 등장합니다.

파운드리에 대한 잘못된 이해

IDM의 기능 중에서 설계만 수행하는 기업을 팹리스, 칩 제조만 수행하는 기업을 파운드리, 그리고 테스트와 패키징만 수행하는 기업을 OSAT^{Outsourced Semiconductor Assembly and Testing}라고 부릅니다. 정리하면 팹리스, 파운드리 등은 IDM의 기능 가운데 일부만 수행하는 분업화된 기업이죠.

필자가 자주 접하는 오류 중 하나가 전 세계에 IDM은 인텔과 삼성전자 둘 밖에 없다는 주장입니다. 직접 설계한 칩도 제조하고 파운드리도 병행하는 기업이 IDM이라는, 반도체 애널리스트인 필자도 처음 듣는 논리인데요. 이 주장은 결코 사실이 아닙니다.

또 하나 자주 등장하는 오류는 파운드리를 하는 것이 비메모리 반도체 시장을 공략하는 전략이라는 주장입니다. 우선 반도체를 메모리와 비메모리로 구분하는 것부터 상당히 비전문적인 표현입니다. 백 번 양보해 메모리, 비메모리라는 표현을 용인한다고 해도 비메모리가 파운드리라는 주장은 전혀 맞지 않는 말입

[표 11] 반도체 산업 분류

구분	공정별	사업 특성	주요 업체
일괄 공정	종합 반도체 (IDM)	• 기획/R&D/설계에서 제조 및 테스트까지 일관 공정 체계를 구축하여 직접 수행 • 기술력과 규모의 경제를 통한 경쟁력 확보 • 대규모 투자의 고위험·고수익 형태	인텔, SK하이닉스, 삼성전자, 마이크론 키옥시아
전공정	설계 전문 (팹리스)	• 칩 설계만 전문으로 하는 업체 • 높은 기술과 인력 인프라가 요구됨 • 고도의 시장 예측과 주문 생산의 최소 물량 수준 예측 필요	병행	퀄컴, 미디어텍, 브로드컴, AMD 엔비디아
	수탁 제조 (파운드리)	• 주문 방식에 의해 웨이퍼 단위 생산만 전문적으로 수행 • 직접 칩을 설계하지 않고 설계 업체로부터 위탁 제조	TSMC, UMC, DB 글로벌 파운드리
후공정	패키징/테스트 (OSAT)	• 가공된 웨이퍼의 패키징 및 테스트를 전문적으로 수행 • 축적된 경험과 거래선 확보 필요	ASE, 앰코, JCET 하나마이크론 SFA반도체

출처 : 이주완

니다. 메모리, 비메모리는 반도체 제품의 종류입니다. 파운드리는 반도체 사업을 영위하는 비즈니스 모델 중 하나인데 이 둘을 같은 선상에서 언급하는 자체가 난센스입니다. 누군가에게 '짜장면을 좋아하니? 축구를 좋아하니?'라고 물어보는 것과 비슷하죠. 하나는 음식이고 하나는 스포츠인데 둘 중 하나를 선택해 보라는 질문 자체가 잘못되었습니다. 참고로 파운드리 기업은 고객이 요구하면 메모리도 제조하고, 비메모리도 제조합니다. 다만 고객 맞춤형 제품이 많다 보니 비메모리 비중이 높을 뿐입니다.

생산 시설을 보유하고 있지 않은 고객이 설계한 제품을 위탁 생산하는 기업이 파운드리입니다. 일종의 아웃소싱 협력사인 셈이죠. 대표적인 파운드리 기업으로는 TSMC, 삼성전자, 글로벌 파운드리, UMC, SMIC 등이 있습니다. 우리나라의 DB하이텍도 파운드리 기업입니다.

이들이 생산한 반도체 칩은 고객의 브랜드로 시장에 판매됩니다. 전 세계 파운드리 1위 기업인 TSMC의 주요 고객은 애플, 퀄컴, AMD, 엔비디아 등인데요. TSMC가 아무리 많은 칩을 생산한다고 해도 이 세상에 TSMC 반도체는 존재하지 않습니다. 모두 고객의 제품이고 시장점유율 역시 고객의 이름으로 집계됩니다. 극단적으로 TSMC가 파운드리 시장에서 100%의 점유율을 달성하더라도 비메모리 시장점유율은 0%입니다. 그래서 얼마 전까지만 해도 글로벌 반도체 기업 순위를 정할 때 파운드리 업체인 TSMC는 아예 리스트에 포함되지 않았습니다.

팹리스의 강자 엔비디아

파운드리가 IDM의 기능 중 칩 제조만을 수행하듯, IDM의 기능 중 설계만 수행하는 기업을 팹리스라고 설명했습니다. 어떻게 보면 팹리스는 일종의 소프트웨어^{SW} 기업이죠.

대규모 생산 시설을 운영할 필요가 없으니 초기 투자 비용도 상대적으로 적고 영업마진도 높은 편입니다. 2024년 11월 발표한 엔비디아의 3분기 실적을 보니 매출총이익률이 75%였습니다. 제조업에서는 보기 힘든 수치입니다. 판매관리비를 제외한 영업이익률도 65% 수준입니다. 공장이 없으니 인건비 부담이 적어 매출총이익률과 영업이익률의 차이가 크지 않습니다.

대표적인 팹리스 기업에는 퀄컴, 브로드컴, 엔비디아, AMD, 미디어텍 등이 있는데요. 미국과 중화권(중국, 대만, 싱가포르) 기업들이 이 시장을 양분하고 있습니다. 얼마 전까지 미국의 팹리스 시장점유율이 50% 수준, 중화권 기업의 점유율이 30~40% 정도였는데 엔비디아가 급성장하며 미국의 시장점유율이 68%까지 높아졌습니다.

팹리스에 대한 잘못된 이해

팹리스와 관련해서도 잘못된 정보가 시장에 많이 퍼져 있습니다. 가장 흔히 저지르는 실수가 브로드컴을 미국 기업으로 분류하는 것입니다. 브로드컴은 원래 미국의 대표적인 통신 칩 기업이었지만 2015년에 싱가포르 기업인 아바고 테크놀러지가 인수했습니다.

당시 미국의 대표 기업을 중화권 기업에 매각하는 것에 대해 미국 내 반발이 매우 심했는데요. 아바고는 독과점 심사 등 공정위의 승인을 얻기 위해 합병사의 이름을 아바고가 아닌 브로드컴으로 정하겠다고 했습니다. 그리고 미국과 싱가포르 양쪽에 본사를 두어 미국의 반발을 무마하려 했죠. 그뿐만이 아니라 이미 뉴욕 증시에 상장되어 있던 브로드컴을 그대로 유지하면서 합병을 통해 싱가포르 기업이 되어 버린 브로드컴을 외형적으로는 미국 기업인 것처럼 위장했습니다. 이런 노력으로 인해 아바고는 많은 반대 여론에도 불구하고 브로드컴을 인수할 수 있었습니다. 현재 합병사인 브로드컴의 CEO 호크 탄$^{Hock Tan}$은 전前 아바고 CEO입니다.

이와 같은 이유로 미국의 팹리스 점유율이 50% 수준일 때 브로드컴의 점유율(20% 내외)을 미국 점유율로 합산해 70%라고 보도하곤 했습니다. 지금은 엔비디아의 부상으로 브로드컴을 제외하고도 미국의 점유율이 70%에 육박하는 실정입니다.

팹리스 기업의 치명적 약점

팹리스 기업은 높은 브랜드 인지도와 우수한 영업마진 구조를 갖고 있지만 동시에 치명적인 약점 또한 안고 있습니다. 바로 공장이 없다는 것이죠. 잘 알려져 있듯이 현재 CPU 시장을 양분하고 있는 기업은 인텔과 AMD입니다. 그런데 두 회사는 근본적인 차이점이 있습니다. 인텔은 IDM인 데 반해 AMD는 팹리스라는 것입니다.

과거 인텔의 제조 능력이 경쟁사들을 압도할 때는 IDM인 점이 장점으로 작용했습니다. 전 세계 PC용 CPU 시장의 90% 이상을 장악했으니까요. 그런데 어느 순간부터 인텔의 제조 능력이 TSMC에 뒤지기 시작하면서 팹리스인 AMD가 더 유리한 고지에 오르게 되었습니다. 참고로 AMD는 TSMC에 칩 제조를 맡깁니다.

당연히 미래에는 어찌될지 모릅니다. 인텔이 절치부심해서 제조 능력을 끌어 올리면 다시 IDM이라는 게 장점으로 작용할 수도 있겠지요. 반면에 팹리스의 경우 공장이 없다는 현재의 장점이 파운드리와의 공생이 깨지는 순간에는 곧바로 치명적인 독으로 작용할 겁니다.

정리하자면 팹리스와 파운드리는 IDM 기능의 일부로 이루어져 있기에 원천적으로는 독자 생존이 불가능합니다. 팹리스는 파운드리가 없다면 어떠한 제품도 생산할 수가 없고요. 또 파운드리는 팹리스가 없다면 존재 자체가 불가능하죠.

미국에는 팹리스 기업만 있고 파운드리 시설은 모두 아시아에 있다는 사실이 반도체 패권전쟁의 근본적인 원인일지도 모릅니다. TSMC와 UMC는 대만, 삼성전자는 한국, SMIC는 중국, 그리고 유일한 미국 기업인 글로벌 파운드리의 공장도 대부분 싱가포르에 있습니다. 미국에 아무리 엔비디아, 퀄컴, AMD가 있더라도 전쟁이나 기타 지정학적 이슈로 아시아에 있는 파운드리 시설을 이용할 수 없다면 어떻게 될까요? 개점 휴업 외에는 다른 선택지가 없다는 것을 미국 정부는 잘 알고 있기 때문에 칩스법 CHIPS and Science Act(반도체와 과학법)이 탄생했습니다.

대만과 중국이 장악한 OAST

IDM, 팹리스, 파운드리를 설명한 김에 테스트와 패키징을 전문으로 하는 OSAT^{Outsourced Semiconductor Assembly and Testing}에 대해서도 언급하겠습니다. OSAT에서 O를 제외한 SAT는 IDM의 기능에 이미 포함되어 있습니다. 삼성전자와 SK하이닉스도 테스트와 패키징 사업부를 보유하고 있고요. 그럼 OSAT 기업의 고객은 누구일까요? 칩만 제조하는 파운드리 기업은 당연히 고객이 되겠지요. 의외로 IDM 역시 중요 고객입니다. IDM들은 자체적인 테스트, 패키징 시설이 있음에도 불구하고 일정 비율의 물량은 외부에 위탁합니다.

IDM이 테스트와 패키징을 OSAT에 맡기는 이유는 비용 절감 때문입니다. 팹리스가 파운드리를 이용하는 것과 비슷하지요. 그런데 왜 모든 물량을 외부에 맡기지는 않을까요? IDM이 테스트와 패키징을 내부^{in-house} 시설에서 수행하는 비율과 외주를 주는 비율은 50% 내외에서 계속 변동합니다.

그 기준은 비용과 보안입니다. 보안 이슈가 없을 때는 OSAT를 이용하는 편이 비용 측면에서 유리합니다. 그러나 신제품 혹은 프리미엄 제품의 경우 자칫 중요 기술이 유출되는 것을 우려해서 내부에서 진행합니다. 그래서 테스트, 패키징의 아웃소싱 비율은 기업마다 다릅니다. 한 기업의 경우도 시점마다 계속 변동이 있습니다. 당연히 OSAT들은 안정적인 매출을 위해 단일 고객이 아닌 다수의 고객을 확보해야 하겠지요.

JCET, 중국의 OSAT 굴기

OSAT 시장은 대만과 중국이 거의 장악하고 있습니다. ASE, SPIL, PTI 등 대만 기업의 점유율이 55%에 달합니다. 여기에 JCET, TFME 등과 같은 중국 기업들까지 포함하면 80%가 넘습니다. 미국 기업으로는 시장 2위인 앰코^Amkor 정도가 있겠네요.

OSAT 시장도 몇 차례 구조조정과 인수·합병을 거치며 현재의 구도가 완성되었는데요. 중국 기업인 JCET에 대해서는 좀 더 상세히 알아볼 필요가 있습니다. DRAM 시장에서 마이크론이 인수·합병에 의해 성장했듯이 OSAT 시장에서는 JCET가 비슷한 경로를 거쳤기 때문입니다.

1999년은 LG반도체와 현대전자의 합병 등 한국에서는 한창 반도체 구조조정이 진행되던 때였습니다. 당시 현대전자는 자금 확보를 위해 반도체 테스트, 패키징 부문을 분사해 미국의 시티코프 벤처캐피탈이 주도하는 투자 그룹에 5억 5천만 달러(약 8,096억 원)를 받고 매각했는데요. 이때 사명이 칩팩코리아였죠.

2004년에는 싱가포르 국영 기업인 싱가포르 테크놀로지의 자회사인 스태츠가 칩팩코리아를 인수하며 스태츠칩팩^STATS ChipPAC 이 탄생합니다. 그리고 2015년 중국의 OSAT 기업인 JCET가 스태츠칩팩을 인수해 현재의 'JCET 스태츠칩팩'이 되었습니다. 필자는 JCET가 스태츠칩팩을 인수할 당시 DBS(싱가포르), BARCLAYS(영국), ING(네덜란드) 등 글로벌 금융사들이 주관하는 재융자refinancing 컨소시엄에 외환은행(한국)의 참여 여부를 함께 검토했기에 이때의 사정을 정확히 기억하고 있습니다.

당시 DBS 등이 설계했던 재융자 프로그램은 브리지 론Bridge Loan을 통해 스태츠칩팩의 기존 고금리 채무를 갚고, 다시 5년 만기의 글로벌 신디케이트 론Syndicate Loan을 구성해 브리지 론을 갚는다는 다소 복잡한 구조였습니다. 채권 발행과 신용 융자로 기존 고금리 대출을 갚는다는 것이 핵심이지요. 이는 합병 당시 재무 상태가 열악했던 스태츠칩팩의 재무 건전성을 높이고, 향후 투자 여력을 확보하기 위한 조치였습니다. 재무 조정 없이 합병할 경우 인수자인 JCET까지 함께 부실해질 우려가 높았기 때문입니다.

이때 해외 투자자만이 아니라SSSCSilTech Semiconductor Shanghai Corporation, SMICSemiconductor Manufacturing International Corporation 등 중국 국영 반도체 기업과 중국 국영 IC펀드National Integrated Circuit Industry Investment Fund 등이 투자자로 참여했습니다. OSAT 시장 6위인 JCET가 시장 4위인 스태츠칩팩을 인수하는 다소 비정상적인 합병이었음에도, 막강한 중국 자본의 힘으로 시장 3위 업체를 탄생시킨 것입니다. 미국과 대만이 강세였던 OSAT 패권전쟁에서 중국이 두각을 드러내게 된 사건이기도 합니다. 또 다른 중국의 반도체 굴기崛起인 셈이죠.

반도체 패권전쟁을 야기한 미국의 취약한 공급망

정리하자면 SW는 미국이 압도적입니다. 그러나 칩 제조와 테스트, 패키징 분야는 한국, 대만, 일본, 중국 등 아시아 국가들이 시장을 거의 장악하고 있습니다. 이러한 현상은 메모리에 국한되지 않습니다.

비메모리 분야의 상위권을 차지하고 있는 기업은 주로 미국 기업들이지만 대부분이 팹리스입니다. 제조와 패키징은 여전히 대만, 한국, 중국에 의존하고 있죠. 결과적으로 반도체 패권 다툼에 있어 미국은 여전히 취약한 구조입니다. 그리고 미국의 이를 극복하려는 일련의 시도가 현재의 반도체 패권전쟁이라는 명제를 만들어 낸 것입니다.

미국이 주도하는 패권전쟁은 수십 년에 걸쳐서 형성된 가장 효율적인 형태의 반도체 공급망을 다시 원시 시대로 되돌리는 결과를 낳게 되겠지요. 그렇게 되면 미국의 SW와 공정 장비들, 일본의 소재, 대만의 파운드리와 패키징, 한국의 메모리, 중국의 세트 완제품 등으로 완성된 글로벌 분업화 시대가 막을 내리는 것입니다. 분업과 협업의 시대에서 자급자족 시대로의 역행이지요.

[표 12] 팹리스 시장점유율(2003년)

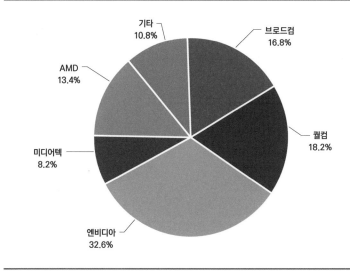

기타
10.8%

브로드컴
16.8%

AMD
13.4%

퀄컴
18.2%

미디어텍
8.2%

엔비디아
32.6%

출처 : 트렌드포스

[표 13] OSAT 시장점유율(2021년 3분기)

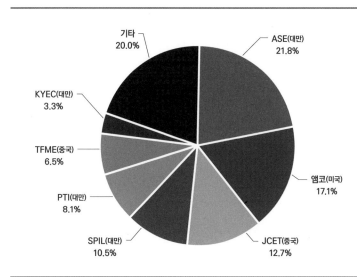

기타
20.0%

ASE(대만)
21.8%

KYEC(대만)
3.3%

TFME(중국)
6.5%

앰코(미국)
17.1%

PTI(대만)
8.1%

SPIL(대만)
10.5%

JCET(중국)
12.7%

출처 : 트렌드포스

[표 14] 스태츠칩팩, JCET 재무 상황

(단위: 100만 달러, 배, %)

항목	스태츠칩팩		JCET
	리파이낸싱 이전	리파이낸싱 이후	
매출	1,445	1,445	1,044
영업이익	24	24	72
EBITDA	295	295	182
이자비용	50	39	41
총부채	1,526	1,282	1,053
이자보상배율	0.5	0.6	1.8
영업 현금흐름	343	343	133
영업이익률	1.7	1.7	6.9
CAPEX	534	534	186
부채비율	175	147	163

* 이자 비용이 발생하는 부채 가운데 신용채 5억 달러는 금리 370pb, 회사채 4억 달러는 500bp 적용, 영구채 2억 달러는 자본으로 간주

출처 : 칩팩 사업보고서, 팩트세트(FactSET), DBS, 바클레이즈(Barclays), ING

슈퍼 '을' TSMC

요즘 들어 반도체 분야에서 유독 '슈퍼 을'이라는 말을 많이 듣습니다. 슈퍼 을의 대표 기업이 네덜란드 장비 업체인 ASML과 대만의 파운드리 기업인 TSMC인데요. 우리가 보통 갑과 을이라는 표현을 사용할 때, 을은 철저하게 약자를 의미합니다. 언제나 갑의 눈치를 봐야 하고 갑의 결정에 자신의 운명을 맡겨야 하는 처지를 을이라고들 합니다.

그런데 분명히 을임에도 불구하고 도리어 갑이 눈치를 보고 사정을 해야 하는 경우도 있습니다. 이들을 '슈퍼 을'이라고 부르는데요. 소수의 대체 불가능한 기업들이 그러한 특혜를 누릴 수 있습니다. 시장의 독점적 공급자이거나 유일무이한 기술을 보유한 기업들이겠죠. 최근에는 AI용 GPU 칩을 공급하는 엔비디아도 슈퍼 을 대열에 합류했습니다.

슈퍼 을 삼총사-TSMC, ASML, 엔비디아

3개의 대표적인 반도체 슈퍼 을인 TSMC, ASML, 엔비디아 가운데 TSMC와 파운드리에 대해 조금 더 자세히 살펴보려고 합니다.

파운드리의 정의와 역할, 그리고 팹리스와의 역학 관계는 앞에서 설명했습니다. 1장 '치킨게임, 패권전쟁의 또 다른 이름'에서 반도체 시장의 사이클이 형성되는 원리를 살펴보았는데요. 슈퍼 을이 탄생하는 원리도 이와 동일합니다. 바로 수요와 공급이지요.

파운드리 시장의 수요는 무엇일까요? 팹리스 기업의 수와 주문량입니다. 서두에 반도체의 정의는 디지털이라고 언급했듯이 디지털화가 진행될수록 반도체 수요는 증가합니다. 초기에 반도체의 수요는 컴퓨터 하나뿐이었습니다. 실리콘 사이클이라는 용어가 처음 등장했을 때, 그 주기는 5년이었는데요. 기업들의 데스크탑 PC 교체 주기가 대략 5년이었기 때문입니다. 그러다 노트북, 태블릿 PC, 스마트폰이 차례로 등장하고 가전제품이 인공지능 기능을 탑재하기 시작했습니다. 반도체 수요는 다변화되었고, 더 이상 기업의 데스크탑 교체 주기로 결정되지 않게 되었습니다. 최근에는 소위 빅테크 기업이라고 하는 플랫폼 운영자들의 데이터센터가 수요를 이끌고 있죠.

반도체 수요가 다변화됨에 따라 기존의 DRAM, NAND와 같이 규격화된 제품이 아닌 고객 맞춤형customized 제품의 수요가 더욱 빠르게 증가했습니다. AI 열풍에 힘입어 SK하이닉스의 위상을 크게 높여 준 HBM 역시 고객 맞춤형 메모리의 일종입니다. 그리고 이런 맞춤형 반도체를 제조해 주는 곳이 파운드리입니다. 당연히 수요가 점점 확대될 수밖에요.

그럼 파운드리의 공급은 어떨까요? 파운드리의 공급을 이야기하려면 먼저 시장의 경쟁 구도를 알아야 하는데요. 수요보다는 공급 관련 이슈들이 TSMC라는 슈퍼 을을 만들었다고 보는 편이 설득력 있습니다. 반도체 수요의 증가는 어찌 보면 당연하니까요.

치킨게임의 승자는 어떻게 탄생하나

DRAM과 NAND의 구조조정 과정을 복기해 볼까요. 인수자가 공격적인 태도로 적대적 인수·합병을 추진한 사례는 찾아보기 어렵습니다. 오히려 피인수자가 스스로 경쟁력을 잃고 백기를 든 경우가 대부분이었지요. 결국 치킨게임의 승자는 패자가 만들어 주는 것 같습니다. 일례로 네덜란드의 ASML이 세계 유일 EUVExtreme Ultra Violet(극자외선) 노광 장비의 공급자가 된 이유도 ASML의 경쟁자였던 캐논과 니콘이 EUV 장비 개발을 포기했기 때문입니다. 만들 자신이 없었던 것이죠.

파운드리도 마찬가지입니다. 시장 1위인 TSMC가 경쟁자를 죽이기 위해 적대적인 공세를 펼친 적은 없는 듯합니다. 그런데 14나노미터 기술 전후로 경쟁자였던 글로벌 파운드리와 UMC가 더 이상의 미세공정 개발을 포기하고 소위 레거시^{legacy}(성숙) 공정 (28나노미터 이상의 공정)에만 집중하는 전략을 취했습니다. 그들에게는 이것이 현실적인 생존 전략이었을 테죠. TSMC와 선단 공정 경쟁을 하겠다고 나선 기업은 한국의 삼성전자가 유일했습니다. 그러나 여러 이유로 TSMC의 대항마가 되지는 못했습니다. 인텔과 라피더스는 이제 걸음마 단계라 언급할 필요도 없고요.

전통적인 경쟁자였던 글로벌 파운드리와 UMC가 경쟁을 포기하고 후발주자인 삼성전자는 아직 시장에 안착하지 못한 현재의 상황은 자연스럽게 TSMC 쏠림 현상을 낳습니다. 결국 파운드리 시장은 특정 기업의 독주를 막을 수 있는 어떠한 장치도 없는 셈이죠. 이렇듯 수요는 급증하는데 공급자는 축소되니 자연스럽게 슈퍼 을이 탄생하는 것입니다. 또 다른 슈퍼 을인 ASML의 EUV 장비 최대 고객이 TSMC라는 사실은 매우 흥미롭습니다. 그리고 TSMC의 최대 고객 역시 이제는 또 다른 슈퍼 을인 엔비디아이고요. '슈퍼 을 마피아'라는 말이 나올 만한 상황입니다.

1위에서 슈퍼 을로, TSMC의 압도적 경쟁력

슈퍼 을 TSMC가 수요와 공급의 법칙으로만 만들어진 게 아니라는 점을 기억하세요. 고객 만족도가 높지 않다면 지금의 독점적인 지위를 누릴 수 없었을 테죠. 최근 TSMC를 연구하는 도서들이 우후죽순 등장하는 것만 봐도 알 수 있습니다.

TSMC를 직간접적으로 경험했던 이들은 이구동성으로 이야기합니다. 'TSMC는 고객의 입장에서 감동을 준다.' 협력 업체를 칭찬하는 표현은 대개 기술력이 뛰어나다, 가격이 싸다, 납기일을 잘 맞춘다 등입니다. 감동을 준다는 표현은 또 다른 레벨 같지 않나요? 위에서 언급한 협력 업체로서의 기본적인 자질 외에도 고객 입장에서 자신의 사업에 큰 도움을 주고 있다는 의미가 포함되니까요. 예를 들면 설계 단계에서의 적극적인 아이디어 개진, 고객으로부터 받은 설계도를 보다 효율적으로 변경하는 일, 완벽한 칩 제조, 납품한 제품에 대한 즉각적이고 적극적인 사후관리, 높은 수율과 우수한 성능 등이 있겠지요.

들리는 말에 의하면 초기 팹리스 고객이 제공한 설계도가 TSMC의 손을 거치면 훨씬 효율성이 높아지고 원가도 절감된다고 합니다. 공정 기간도 단축되고요. TSMC는 고객이 원하는 제품을 만들어 주는 데서 그치지 않고, 어떻게 하면 고객에게 더 많은 이득을 줄 수 있을지 고민하는 기업이라는 의미입니다. 팹리스 기업이라면 누구라도 선호하겠지요.

파운드리 서비스의 공급 부족이라는 환경이 유리하게 작용했지만 TSMC를 반도체 업계의 슈퍼 을로 만든 것은 TSMC 자신입니다. 1등이면서도 결코 자만하지 않는 태도가 TSMC가 가진 큰 자산입니다. 과거에도 TSMC는 파운드리 시장의 절대 강자이자 만년 1위 기업이었지만 슈퍼 을로 부르는 사람은 거의 없었습니다. 그런데 최근 5년 동안 고객 쏠림 현상이 두드러지며 시장 지배력이 급격히 높아졌습니다. 형식상 과점이지만 내용상 독점의 지위를 획득했죠.

Top 3 기업의 시장점유율 추이를 보면 이 주장이 힘을 얻는데요. 2010년 43%였던 TSMC의 시장점유율은 2024년 3분기에는 64.9%까지 높아졌습니다. 같은 기간 2위인 삼성전자의 시장점유율은 12%에서 9.3%로 역주행했고요. 3위인 글로벌 파운드리는 9%였던 점유율이 4.9%로 낮아졌습니다.

한때 삼성전자의 점유율이 19.8%까지 오르며 TSMC의 대항마가 되리라는 기대가 생기기도 했는데 오래가지는 못했습니다. 끝내 2010년 이전 수준으로 회귀했고, 오히려 중국 파운드리 3사의 합산 점유율은 9.1%까지 높아져 삼성전자를 위협하고 있습니다. 참고로 대만 4사의 합산 점유율은 72%입니다. Top 10 내에서만 비교할 때 대만의 국가점유율은 75%까지 높아지고요.

DRAM 시장에서 삼성전자는 수십 년째 1위지만 시장점유율은 40%가 조금 넘습니다. 역대 최고 기록은 45.5%이고요. NAND 역시 1위이지만 37%를 넘은 적은 없습니다. 64.9%라는 수치는 거대한 벽입니다. 왜 TSMC가 슈퍼 을인지 이해할 수 있겠죠.

[표 15] 파운드리 Top 3 시장점유율 변화

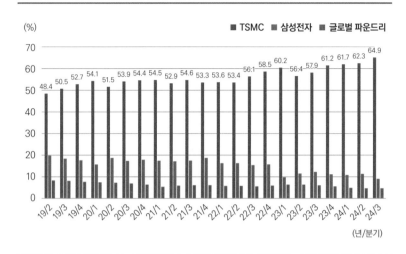

출처 : 트렌드포스

[표 16] 파운드리 연도별 시장점유율

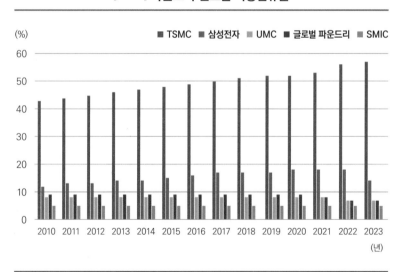

출처 : 트렌드포스

[표 17] 파운드리 시장점유율(2024년 3분기)

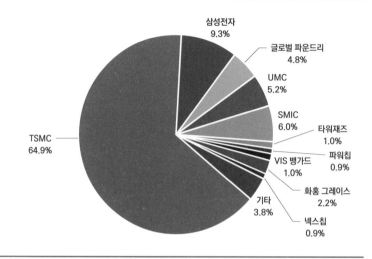

삼성전자
9.3%

글로벌 파운드리
4.8%

UMC
5.2%

SMIC
6.0%

타워재즈
1.0%

파워칩
0.9%

VIS 뱅가드
1.0%

화홍 그레이스
2.2%

넥스칩
0.9%

TSMC
64.9%

기타
3.8%

출처 : 트렌드포스

[표 18] 파운드리 Top 10 국가별 시장점유율(2024년 3분기)

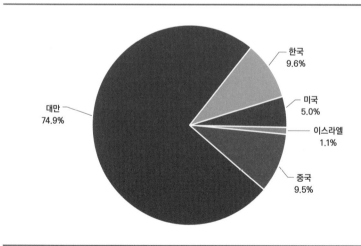

한국
9.6%

미국
5.0%

이스라엘
1.1%

중국
9.5%

대만
74.9%

출처 : 트렌드포스

2장 파운드리가 대체 무엇이기에

파운드리 산업의 향후 경쟁 구도

앞에서 파운드리 기업인 TSMC가 슈퍼 을이 될 수 있었던 요인 중 하나가 수요와 공급의 비대칭이라고 설명했습니다. 고객 맞춤형 반도체에 대한 고객 니즈가 빠르게 증가하고 있다고도요. 빅테크 기업들은 자신들이 필요로 하는 기능과 성능을 구현해 줄 수 있는 AI 반도체를 직접 만들기 시작합니다. 자동차 시장에서도 전기차 시대를 넘어 자율 주행 자동차 시대로 진입함에 따라 자체적인 반도체를 개발하기에 이르렀습니다.

그런데 구글, 아마존과 같은 플랫폼 기업, 그리고 엔비디아, AMD, 마이크로소프트와 같은 SW 기업, 혹은 테슬라와 같은 자동차 기업이 어떻게 반도체를 만들 수 있을까요? 자체적인 반도체 공장을 보유하지 않은 이들 기업이 자신만의 반도체를 만들기 위해서는 파운드리를 이용하는 수밖에 없다는 답이 나옵니다. 그래서 파운드리 수요는 꾸준히 증가하고 있는 추세입니다.

자체 반도체를 개발하려는 신흥 고객 대부분은 빠른 속도와 방대한 데이터 전송을 원합니다. 즉, 레거시(성숙) 기술을 활용해 제조가 가능한 칩이 아닌 고성능 칩을 원합니다. 그런데 파운드리 기업 가운데 그러한 제품을 대량으로 생산할 수 있는 곳은 그리 많지 않습니다.

이와 같은 이유로 파운드리 시장이 빠르게 성장하는 만큼 TSMC의 시장점유율이 높아지는 결과가 나오죠. 시장이 빠르게 성장하면 중하위권 기업들에게도 기회가 주어지는 게 일반적입니다. 1위 기업의 일감이 넘쳐 나서 2위, 3위 기업에게 확산, 파급되는 스필오버spillover 효과가 나타나거든요. 한데 유독 파운드리 반도체 시장은 예외인 듯합니다.

TSMC 대체자를 찾는 시장

근래 들어 SMIC, 화홍 그레이스, 넥스칩Nexchip 등 중국의 파운드리 기업들이 약진하고 있습니다. 2024년 2분기에 SMIC가 글로벌 파운드리와 UMC를 밀어 내고 시장점유율 3위에 오르자 업계가 출렁이기도 했죠. 그렇지만 아직 이들 기업의 기술력이나 양산 능력 등은 화웨이를 비롯한 중국 IT 기업들의 요구를 겨우 맞추는 정도입니다.

중국 파운드리 기업들이 당장 엔비디아, 구글, 아마존, 테슬라 등의 기대에 부응하기는 어렵습니다. 삼성전자 역시 이미 시장에서 신뢰를 잃어 파이가 커지는 수혜를 누리지 못하고 있습니다. 그 결과 새롭게 발생하는 파운드리 수요가 모두 1위 기업에 몰리고 있습니다. TSMC 쏠림 현상이 심화됨에 따라 주요 고객들의 대기 시간이 길어지고, 고객이 원하는 물량의 일부만을 확보하는 상황이 벌어지고 있습니다. 그럼에도 불구하고 마땅한 TSMC의 대체자를 찾지 못하고 있는 실정이죠.

따라서 누구든지 제일 먼저 TSMC를 대체할 만한 실력을 갖추기만 한다면 무섭도록 빠른 속도로 성장할 수 있습니다. 일감이 넘쳐 나고 있거든요. 하지만 트럼프 행정부의 대중對中 전략을 감안한다면 일단 중국 기업들은 후보에서 제외해야 할 듯합니다. 현재, 그리고 미래의 잠재적인 파운드리 고객은 대부분 미국 기업입니다. 미국 기업들이 중국의 파운드리를 이용하기란 거의 불가능하다고 봅니다. 핵심 기술이 모두 노출될 수 있어 미국 정부가 허가할 리 없어서입니다.

미국의 견제에도 약진하는 중국 파운드리

미국의 견제와 별개로 중국 파운드리 산업의 성장을 막을 수는 없을 것 같습니다. 미국과 마찬가지로 중국 정부도 반도체 공급망 구축과 자립에 강한 의지를 갖고 있기 때문입니다. 현재 중국 국적의 팹리스 기업은 우선적으로 SMIC 등 로컬 파운드리를 이용해야만 합니다.

그리고 이미 2020년부터 화웨이를 비롯해 블랙리스트에 오른 중국 기업들은 공식적으로 TSMC와 거래할 수 없습니다. 물론 다양한 우회적인 방법을 통해 TSMC와의 거래를 이어 나가고 있지만 미국 정부의 제재 강도가 높아질수록 자국 파운드리 의존도가 높아질 수밖에 없죠.

앞서 언급한 두 가지 요인, 즉 중국 정부의 반도체 자립 의지와 미국 정부의 대중 제재로 중국의 파운드리 산업은 성장할 수밖에 없습니다. 그런데 중국의 내수 시장 크기를 고려한다면 비록 내수용이라고 할지라도 중국 파운드리 기업들의 시장점유율은 빠르게 높아질 것입니다. 과거 철강, 조선, LCD, 스마트폰, 2차 전지 등 중국 기업들이 후발주자로 뛰어들어 결국 세계 1위가 된 품목들의 사례를 보면 앞으로 중국의 파운드리 산업이 어떤 양상을 보일지 예측할 수 있습니다.

내수 시장에서 세계로, 규모의 전략

중국의 전략은 간단합니다. 우선 천문학적인 보조금을 풀어 수많은 기업을 탄생시키고, 그들이 일정한 규모가 될 때까지 성장하도록 돕습니다. 시간이 흘러 어느 정도 기술력과 규모를 갖춘 소수의 기업이 등장하면 과감한 구조조정을 통해 몇 개의 글로 벌 기업을 만들어 냅니다. 이런 방법으로 먼저 내수 시장을 장악하고 나서 서서히 해외로 눈을 돌린다는 전략이죠. 이때 중국 정부의 보조금과 저렴한 인건비를 통해 경쟁사 대비 30~50% 정도 싼 가격에 제품을 공급함으로써 글로벌 시장을 잠식해 나갑니다.

이로 인해 중국 파운드리 시장은 일단 로컬 기업들이 장악할 가능성이 높은데요. 막을 수 있는 마땅한 방안도 없습니다. 전세계 반도체의 55%를 중국에서 소비한다는 사실을 감안하면 결코 간단한 일이 아니지요.

이제 중국이라는 특수 지역을 제외하고 글로벌 파운드리 시장으로 돌아가 보겠습니다. 중국 기업을 제외하고 TSMC를 대체할 만한 기업이 등장하면 매우 빠르게 성장할 수 있다고 말했는데요. 잠재적인 후보자를 열거해 보면 삼성전자, 인텔, 라피더스 정도가 있겠습니다.

삼성전자 파운드리의 미래

삼성전자는 이미 TSMC의 강력한 대항마로 지목된 바 있습니다. 또한 한때나마 가능성을 보여 주기도 했고요. 따라서 TSMC의 강력한 대항마 후보군에 포함시키는 건 당연합니다. 그러나 애플, 퀄컴 등 대형 고객들이 기회를 주었음에도 불구하고 고객의 신뢰를 얻지 못해 수주했던 물량을 다시 TSMC에 빼앗겼다는 전력이 치명적인 약점입니다.

거래가 없던 고객을 새롭게 유치하는 것보다 한 번 떠난 고객의 마음을 다시 붙잡는 것이 더 어려운 법입니다. 전자의 경우는 기대 반 우려 반이지만 후자의 경우는 우려가 80% 정도 되니까요. 파운드리 시장의 큰 손이라 할 수 있는 애플과 퀄컴이 삼성전자에 등을 돌렸다는 소식을 접한 다른 잠재적인 고객들은 애초에 기회를 주는 자체를 망설일 가능성이 큽니다. 그래서 가장 유력한 후보이지만 동시에 가장 치명적인 약점을 안고 있는 삼성전자가 다시 TSMC의 대체자로 올라서려면 반드시 잃어버린 고객의 신뢰를 회복해야 합니다. 냉정한 비즈니스의 세계에서 신뢰 회복이 쉽지는 않겠지만요.

미국이 인텔을 밀 수밖에 없는 이유

다음 후보자는 인텔입니다. 인텔은 최근 파운드리 부문의 막대한 적자 때문에 주식 가격이 폭락하기도 했고, S&P 다우존스 지수에서 퇴출되는 굴욕을 당하기도 했지요. 그뿐만 아니라 해결책의 하나로 분사를 결정하며 삼성전자의 파운드리 분사 여부에 관심이 집중되기도 했습니다. 이런 이유로 인텔이 파운드리를 지속할 수 있을지에 대한 우려가 큰 게 엄연한 사실입니다. 분사한다고 갑자기 고객이 늘어나는 것도 아니고 기술력이 좋아지는 것도 아니니까요. 최근 브로드컴의 초기 테스트에 실패했다는 소식도 악재로 작용하고 있습니다.

그럼에도 불구하고 인텔이 파운드리를 포기하지 않는다면 몇 가지 긍정적인 요소가 존재합니다. 우선 2024년 칩스법에 근거해 집행된 미국 정부의 보조금을 가장 많이 수령한 기업이 인텔임을 기억해야 합니다. 직접 보조금 외에 대출 약정도 받았고, 30억 달러 규모의 국방부 프로젝트를 수주하기도 했습니다.

자국 영토 내에 반도체 공급망을 구축하기 위해 외국 기업까지 조 단위의 보조금을 지원하고 있는 미국 정부의 입장에서 인텔은 절대 망해서는 안 되는 기업입니다. 그리고 TSMC에 대한 의존도를 낮추는 것도 반드시 필요합니다. 그렇기 위해서는 미국 기업인 인텔이 파운드리를 성공해야 합니다. 만약 현 정권에서 인텔의 파산 내지는 몰락이 현실화된다면 2년 후 중간선거에서 승리를 보장할 수 없을지도 모릅니다. 아무리 엔비디아의 시가총액이 많다고 해도 미국 반도체의 상징은 여전히 인텔입니다. 미국 유권자들은 인텔이 망하도록 방치한 정부를 심판하려고 할 것입니다.

정치 역학적 요소를 배제하더라도 인텔이 후보로 언급될 수 있는 이유는 역시 기술력입니다. 비록 10나노미터$^{nano\ meter}$ ($1/10^9$m) 기술부터 제품 양산에 고전하고 있지만, 그럼에도 여전히 CPU 시장 1위를 지키고 있는 기업입니다. x86 CPU 시장점유율은 과거의 90%에는 미치지 못하지만 그래도 75% 이상을 유지하고 있습니다. 다양한 반도체 중에서 가장 최신 공정을 적용하는 제품이 CPU 같은 마이크로프로세서나 GPU 같은 로직 디바이스입니다. 메모리의 기술 로드맵은 이보다 한참 늦습니다. TSMC 와 삼성전자가 4나노미터, 3나노미터 기술 경쟁을 하는 것도 전부 로직 디바이스 제품들입니다.

DRAM의 경우 최신 제품인 5세대(1b) 제품의 선 폭이 12나노미터 수준입니다. 차세대인 1c도 10~11나노미터 정도로 예상되고 있어 로직 디바이스와는 격차가 매우 큽니다. 어찌됐던 인텔은 1~2나노미터 기술을 확보한 기업이고, 1.8나노미터 상용화가 임박했다고 발표하고 있습니다.

물론 DRAM이나 NAND와는 달리 파운드리 시장의 성패가 미세기술 여부로 결정되지는 않습니다. TSMC가 슈퍼 을이 된

[표 19] **CPU 시장점유율(2024년 1분기)**

출처 : 머큐리 리서치(Mercury Research)

것이 세계에서 가장 먼저 3나노미터 공정 상용화에 성공했기 때문은 아니거든요. 그렇지만 14나노미터 이상만 가능한 UMC, 글로벌 파운드리나 7나노미터 이상만 가능한 중국 기업들보다 기술적으로 앞선 것은 사실입니다. 레거시 공정은 다수의 중하위권 기업들 때문에 레드 오션이라면 선단 공정은 상대적으로 블루 오션에 가깝습니다.

일본의 선택, 라피더스

그다음 후보자가 일본의 라피더스인데요. 솔직히 현 시점에서 평가할 만한 데이터가 없습니다. 양산을 시작한 것도 아니고 기술력을 입증한 적도 없지요. 2022년 일본 정부 주도로 토요타, 소니, 소프트뱅크, 키옥시아, NTT, NEC, 덴소, 미쓰비시 UFJ은행 등 8개 기업이 참여해 설립되었는데, 양산 목표 시점이 2027년입니다.

이 가운데 반도체와 연관 있는 기업은 그나마 소니와 키옥시아 정도인데요. 소니는 주로 광학 반도체를 생산하고, 키옥시아는 NAND를 생산하고 있어 선단 기술을 적용한 파운드리를 수행할 능력이 있는지 자체가 의문 부호입니다. IBM의 기술 공여를 받는다고는 하지만 공정 능력은 별개라 성공 가능성 자체가 불투명하죠.

그럼에도 TSMC 대체자 후보 명단에 오른 이유는 오로지 정치 역학적 이유 때문입니다. 일본은 과거 구조조정을 통해 NEC, 미쓰비시, 히타치 등 메모리 3사의 메모리 부문을 통합해 엘피다를 만들었는데 결국 파산하며 미국 마이크론으로 넘어갔습니다. 또한 동일한 3사의 비메모리 부문을 통합해 르네사스를 만들었지만 칩 제조를 포기하고 팹리스로 전향했습니다. 현재 르네사스 제품은 TSMC가 생산합니다.

키옥시아(舊 도시바) 홀로 남아 NAND를 생산하며 반도체 국가의 명목을 유지하고는 있으나 과거 일본 반도체의 황금기를 떠올린다면 격세지감이 생기죠. 그나마 키옥시아라도 잘하고 있으면 나을 텐데 NAND 시장에서 보았듯이 웨스턴디지털과 합산한 키옥시아 진영의 시장점유율은 하락 추세입니다. 과거에는 35%의 점유율을 유지하며 삼성전자보다 우위에 있었지만 최근 데이터를 보면 30% 밑으로 내려왔습니다. 심지어 2024년 상반기에는 24%까지 낮아지기도 했지요.

이런 상황에서 다시 DRAM을 할 자신은 없고 유일한 비상구로 택한 것이 파운드리입니다. 일본으로서는 파운드리를 잘할 자신이 있어서가 아니라, 다른 선택지가 없어 라피더스를 설립한 것입니다. 그렇기에 '성공할 것이다'가 아닌 '성공해야만 한다'는 절박함이 있습니다. 미국이 인텔을 포기할 수 없듯이 일본은 라피더스를 살려야만 합니다. 반도체 패권을 위한 한 국가의 절박함이 배후에 있기 때문에 라피더스를 TSMC 대체 후보자에 포함시켰습니다.

삼성전자, 인텔, 라피더스 가운데 TSMC를 대체할 수 있는 경쟁력을 갖추고 빠르게 증가하는 팹리스 고객을 확보해 고속 성장을 할 수 있는 기업이 등장할 수 있을지는 여전히 미지수입니다.

절대강자 TSMC의 약점

3개 후보자 모두 장점보다는 약점을 더 많이 갖고 있어 쉽지는 않아 보입니다. TSMC 왕국이 더욱 오래 견고히 유지될 가능성도 높습니다. 그렇게 되면 커진 파이의 대부분을 TSMC가 독식하고 시장점유율 또한 더욱 높아지겠지요.

만약에 TSMC의 시장점유율이 70%를 넘어가면 어떤 일이 벌어질까요? 십중팔구 미국과 유럽에서 독과점 이슈를 제기할 것입니다. 구글, 엔비디아 등의 사례처럼 말이죠. 사업부를 분할하거나 시장점유율을 낮추기 위한 방안을 강요할지도 모릅니다.

시장 경쟁 원리에 의해 TSMC의 경쟁자가 등장하지 못한다면 정치적인 수단에 의지해 TSMC의 시장 지배력을 강제적으로 낮추려 들 것입니다. 그리고 만약, 그때까지 삼성전자나 인텔이 생존해 있다면 어부지리를 얻을 가능성도 있습니다. 미국은 수단과 방법을 가리지 않고 인텔의 파운드리 생존을 지원할 가능성이 높습니다. 일본 역시 비슷한 상황일 텐데요. 과연 한국 정부도 그러한 의지와 실행력을 보여 줄지는 모르겠습니다.

[표 20] 파운드리 Top 10 매출 증가율

기업	국적	매출(100만 달러)		증가율(%)
		2024년 2분기	2024년 3분기	
TSMC	대만	20,819	23,527	13.0
삼성전자	한국	3,833	3,357	−12.4
글로벌 파운드리	미국	1,632	1,739	6.6
UMC	대만	1,756	1,873	6.7
SMIC	중국	1,901	2,171	14.2
타워재즈	이스라엘	351	371	5.7
파워칩(PSMC)	대만	320	336	5.0
VIS 뱅가드	대만	342	366	7.0
화홍 그레이스	중국	708	799	12.9
넥스칩	중국	300	332	10.7

출처 : 트렌드포스

현재 파운드리 시장의 현실은 [표 20]과 같습니다. 2024년 3분기 매출이 전 분기 대비 10% 이상 증가한 파운드리 기업은 대만의 TSMC와 SMIC, 화홍 그레이스, 넥스칩 등 중국 기업밖에 없다는 사실은 의미심장합니다.

파운드리는 제조업이 아니다

반도체 역사에서 1987년은 상당한 의미가 있는 해입니다. 대만에서는 TSMC가 창립되었고, 한국에서는 고^故 이건희 전대 회장이 취임하며 삼성전자의 반도체 신화가 본격적으로 시작되었습니다. 그 이후 장장 38년 동안 TSMC는 파운드리의 길을, 삼성전자는 IDM의 길을 걷습니다.

비록 파운드리가 IDM의 기능 중 일부를 떼어 낸 부분 집합으로 출발했지만 수십 년 동안 독자적인 길을 걸으며 이들 사이의 동질감은 희미해지고 그만큼 이질감은 더욱 커지게 됩니다. 반도체 제품이라는 공통점을 제외하면 IDM과 파운드리는 산업 계통도에서 서로 다른 업종으로 분류하는 편이 합당합니다.

IDM은 반도체 제조업이고 파운드리는 반도체 서비스업이면서 동시에 수주 산업이지요. 조금 복잡한 개념이긴 한데요. 파운드리는 제조 설비를 갖추고 있으면서 고객이 주문한 제품을 맞춤형으로 제작한다는 점에서 수주 산업 중 하나인 선박제조업(조선업)과 유사한 점이 있습니다.

서비스업의 특성을 가진 파운드리

조선업이 제조업의 성격을 많이 지니고 있는 반면에 파운드리는 서비스업의 성격을 더 많이 지닙니다. 조선업은 수주한 선박을 정해진 기한 내에 제작해서 고객에게 전달하면 그 계약은 종료됩니다. 그러나 파운드리의 경우 특별한 문제가 없으면 일단 거래가 시작된 고객의 제품을 몇 년 동안 책임지고 생산하고, 고객이 업그레이드된 제품을 출시하면 자동적으로 새로운 제품의 생산을 맡습니다.

마치 기업들이 IT 서비스나 사무 자동화 서비스 계약을 맺고 나서 외부 전문 업체에 위탁하는 것과 비슷하지요. 기간당 혹은 건당 단가로 장기 계약을 체결하면 외부 업체가 시설 설치부터 유지, 보수까지 모든 것을 책임집니다. 고객이 되는 기업은 원하는 성능, 규격, 규모 등만 제시하면 됩니다. 그러면 해당 서비스 업체는 자신들의 장비와 시설을 이용해 고객들에게 무형의 서비스를 제공하거나 장비와 시설을 임대 형식으로 제공하지요. 소모

품도 알아서 관리해 주고 고장이 나면 즉시 출동합니다.

파운드리도 이와 유사한 방식으로 사업을 수행합니다. 그래서 제조업이 아닌 서비스업인 것이지요. 다만 고객에게 최종적으로 제공하는 재화가 반도체 칩이 형성된 웨이퍼라는 차이점이 있습니다.

서두에 언급한 바와 같이 파운드리는 수주 산업입니다. 수주 산업이란 고객의 주문을 받아 상품이나 서비스를 제공하는 행태를 말하는데요. 대표적으로 건설, 조선, 플랜트 등의 산업이 여기에 속합니다. 당연히 100% 고객 맞춤형이고, 고객과 수주 기업 간의 밀접한 소통과 협력이 필수입니다.

IDM에서 파운드리 진행이 어려운 이유

IDM은 어떠한가요? IDM은 시장에서 필요로 할 것 같은 제품을 R&D를 통해 미리 개발하고, 자체 설비를 이용해 최종 제품을 생산해 이 제품이 필요하다고 말하는 고객에게 판매합니다. 비슷한 제품을 판매하는 기업이 많이 있을 텐데요. 따라서 가격이 싸든지, 아니면 성능이 좋든지 해야 경쟁력이 생깁니다.

예를 들어 보겠습니다. IDM은 대형마트 판매대에 공산품을 진열해 놓고 판매하는 것과 비슷합니다. 신제품은 좀 비싸게 팔고 재고가 많은 상품은 떨이도 하죠. 반면에 파운드리는 양복점과 같습니다. 요즘 사람들은 옷을 살 때 주로 백화점이나 쇼핑몰을 이용합니다. 다시 말해 이미 만들어진 제품을 구입하죠. 그런데 과거에는 모든 양복을 맞춤 제작했습니다. 고객이 직접 자신이 원하는 원단과 색상, 디자인 등을 결정하면 재단사가 고객의 몸 치수를 쟀습니다. 그리고 1~2주 지나면 가봉이라는 과정을 거치게 되는데요. 가봉이란 대략적인 옷의 형태를 만든 후 고객에게 한번 입혀 보고 고객의 신체에 맞게 세부 조정을 하는 단계를 가리킵니다. 가봉을 통해 양복의 모든 치수를 확정한 후에서야 비로소 최종 재봉 작업에 들어갔습니다.

파운드리는 수주 산업이라 맞춤 양복을 제작하는 것과 비슷한 과정을 거치면서 고객이 원하는 반도체 칩을 생산해 냅니다. 고객이 원하는 제품의 전기 회로 중심의 설계도를 받아 이를 공정 진행을 위한 설계도로 전환합니다. 이 과정에서 디자인 하우스라는 파트너들이 필요하죠.

단적으로 말해 팹리스 고객이 동일한 설계도를 2개의 파운드리에 맡기면 전혀 다른 2개의 제품이 탄생합니다. 팹리스 고객이 전달하는 설계도에는 어떤 소재, 공정, 장비를 사용하라는 식의 지침이 전혀 없거든요. 파운드리의 설계, 소자 엔지니어들이 자신들의 기술력과 생산 시설에 맞게 재설계하는 것이지요. 이처럼 IDM과 파운드리는 업종의 특성 자체가 다릅니다. 따라서 전혀 다른 관점에서 접근해야만 합니다. 조직, 기업 문화, 인력 구조, 사업 전략 등 모든 면에서 IDM과 파운드리는 달라야 합니다.

파운드리 기업의 IDM 진출 성공 확률이 높은 이유

이와 같은 상황에서도 업종 경계를 넘고 싶다면 어떻게 해야 할까요? IDM이 파운드리 사업에 진출하는 것과 파운드리 기업이 IDM으로 전환하는 것 가운데 누가 성공 가능성이 더 높을까요? 필자는 파운드리의 손을 들고자 합니다. 그 이유를 설명하겠습니다.

파운드리의 경우 실력 있는 팹리스만 인수하면 곧바로 IDM으로 전환할 수 있습니다. 반면에 IDM은 기능적으로는 이미 파운드리를 포함하고 있으니 제품 수주만 하면 바로 칩 제조가 가능하죠. 그렇지만 제조업을 서비스업으로 전환하는 일은 절대 만만한 일이 아닙니다. 제조업을 수주 산업으로 전환하는 것 역시 쉽지 않고요.

고객을 어떻게 확보할지, 초기 설계도를 받은 후 어디까지 고객 서포트를 할지, 고객과의 의사소통은 어떻게 할지, 사후관리는 어떻게 할지 등 제조업의 입장에서는 이 전부가 생소한 경험입니다. 특히나 IDM으로서 이미 시장 지배력이 높은 기업의 경우 지금까지 늘 갑의 위치에서 유리하게 비즈니스를 했기에 을의 처지와 대응 방식에 대해선 문외한이라 할 수 있죠.

그런데 오랫동안 IDM의 마인드로 살아왔고, IDM의 기업 문화와 조직 체계, 마케팅 전략 등에 익숙한 사람들을 모아서 갑자기 파운드리를 하라고 하면 어떨까요? 예상치 못했던 수많은 시

[표 21] IDM 비즈니스 모델

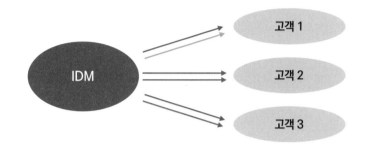

출처 : 이주완

[표 22] 파운드리 비즈니스 모델

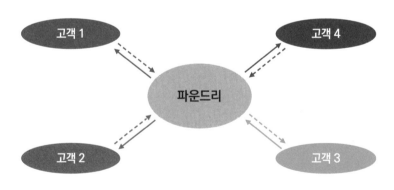

출처 : 이주완

행착오를 겪게 될 것입니다. 경험 자체가 없는 사람들끼리 모여 갑론을박을 한들 정답이 나올 리 없죠. 만약 IDM이 파운드리를 하려면 처음부터 새롭게 계획을 세워야 합니다. 제조 시설은 IDM 시절의 인프라를 활용할 수 있습니다. 그러나 경영진, 마케팅 조직, 고객 대응 부서 등 거의 대부분은 오랫동안 파운드리를 경험했던 전문가들로 채워야 합니다.

이는 단순히 사람을 채우는 문제가 아닙니다. 조직 체계와 구성 자체를 IDM과는 다른 형태로 가져가야 하기 때문이죠. 이미 파운드리 경험이 풍부한 기업을 인수해 기존 인력과 조직을 중심으로 운영해야 합니다. 이때 인수 대상 파운드리가 TSMC와 같은 최신 공정 기술을 확보하지 못했다고 해도 상관없습니다. 기술은 IDM 자체 인력과 IP를 활용할 수도 있습니다. 파운드리 인수가 필요한 이유는 제조업이 갖지 못한 서비스업, 수주 산업의 기반을 확보하기 위함입니다.

삼성전자 파운드리의 미래가 어두운 이유

IDM이 아무리 높은 기술력을 확보하고 있다고 해도 제조업은 제조업일 뿐입니다. 자동차를 잘 만드는 회사가 훌륭한 운송 회사가 될 수 없습니다. 마찬가지로 반도체 제조업을 아무리 잘해도 반도체 서비스업을 잘하는 것은 별개라는 얘기지요. 애초에 파운드리를 인수해 시작했으면 좋겠지만 만약 삼성전자처럼 이미 IDM 내부에 파운드리 독립 사업부를 운영하고 있다면 어떻게 해야 할까요? IDM 출신 사람들로 조직을 구성해 10년 넘게 사업을 해 오고 있지만 여전히 막대한 적자를 기록하고 있다면 말이죠.

비즈니스 관점에서 냉정하게 바라본다면 이미 투입된 비용에 대한 미련을 버리고 지금이라도 사업을 포기하는 편이 현명합니다. 반도체 서비스에 대한 이해가 부족한 상황에서 흑자 사업에서 번 돈을 무한정 퍼부을 수는 없지요. 언젠가는 성공할 수도 있겠지만 기회비용을 고려한다면 그 돈으로 잘하는 사업에 투자하는 쪽이 이득입니다.

문제의 핵심은 기밀 유지 이슈가 아니다

어떤 이들은 IDM과 파운드리를 함께하고 있어 기밀 유지에 대한 불안감 때문에 고객들이 일감을 맡기지 않아서 그렇다고 합니다. 그러니 분사해서 독립 법인을 만들면 달라질 것이라고 말이죠. 이 말이 사실일까요? 기밀 유지가 핵심이었으면 과거 애플과 퀄컴이 삼성전자 파운드리에 많은 물량을 맡긴 것은 어떻게 설명할 수 있을까요?

기밀 유지 이슈는 문제의 핵심이 아닙니다. 그뿐만 아니라 현재 삼성전자 파운드리는 만년 적자 상태입니다. 독립을 하면 당장 생존이 어려울 수도 있습니다. 물론 분사하면서 대규모 유상증자를 단행하겠지요. 하지만 연간 영업 현금 흐름이 조 단위의 마이너스 상태이고, 생산 능력 확대를 위해 시설 투자도 지속해야 하는 상황인데 유상증자를 통해 확보한 초기 자본으로 오래 버틸 수는 없을 듯 보입니다. 그리고 현재 파운드리 사업부와 메모리 사업부는 상당 부분 생산 시설을 공유하고 있습니다. 생산 라인, 장비, 인력을 완전히 분리하는 일은 짧은 시간 안에 해결하기 어렵습니다.

비메모리 분야의 강자가 되려는 삼성전자

삼성전자가 비메모리를 강화하기로 하고 첫걸음으로 파운드리를 택한 것 자체는 나쁜 전략이 아닙니다. 삼성전자만이 아니라 SK하이닉스도 메모리 의존도는 빨리 낮춰야 합니다. 이와 관련해서는 4장 '한국 반도체의 취약점'에서 자세히 다루도록 하겠습니다.

2030년이라는 시점을 명시하고 무조건 그때까지 비메모리 1위를 달성하겠다는 로드맵에 찬성하기는 어렵습니다. 일단, 앞서 언급했듯이 파운드리는 비메모리가 아닙니다. 반도체 위탁 생산에 불과합니다. 삼성전자가 TSMC를 추월하더라도 비메모리 시장점유율은 1%도 올라가지 않습니다. 그래도 나쁘지 않은 선택이라고 생각하는 것은 IDM으로서의 삼성전자는 주로 메모리 반도체에 기반을 두고 있어서입니다. 그런데 파운드리 고객의 대부분은 비메모리를 판매하는 팹리스 기업이죠. 그래서 비메모리 제품에 대한 이해도를 높이고 경험을 쌓는 차원에서 파운드리의 의미가 있다는 정도입니다.

성공의 핵심 요인은 설계 능력

필자가 반도체 기업에서 DRAM과 로직 디바이스를 모두 개발해본 경험에 의하면 두 제품은 구조도 완전히 다르고 전기적으로 요구되는 특성과 테스트 요소들도 전혀 다릅니다. 광학이나 센서 정도에 만족할 것이 아니라면 결국 로직 디바이스나 마이크로프로세서 시장에 진입해야 비메모리 강자가 될 수 있는데요. 파운드리를 통해 미리 연습을 하는 거죠.

궁극적으로 비메모리 강자가 되려면 설계 능력을 키워야 합니다. 자체 설계 기능이 없는 파운드리가 답이 아닌 이유를 알겠죠? 오히려 규모는 작더라도 독보적인 실력을 지닌 팹리스를 인수해 성장해 나가는 것이 비메모리 시장을 공략하는 올바른 길입니다.

파운드리가 아닌 팹리스가 비메모리 강자가 되기 위한 올바른 길이긴 하지만 당장 급한 불을 꺼야 하는 입장이라면 어떻게 해야 할까요? 이성적으로는 파운드리 사업을 포기하는 게 맞습니다. 그럴 수 없다면 시간이 걸리더라도 단계별로 진행하는 편이 그나마 성공 확률을 높일 듯합니다.

[표 23] DRAM 기본 구조

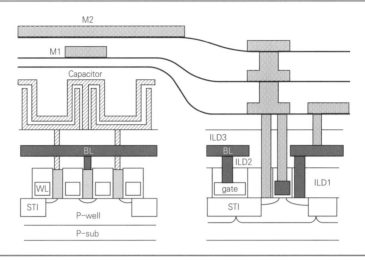

[표 24] 로직 디바이스 기본 구조

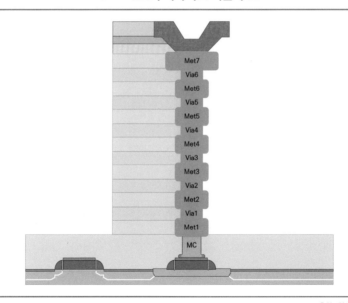

비메모리 반도체 강자로 가는 5단계

1단계는 역시나 경험이 풍부하고 고객 및 협력사 네트워크가 탄탄한 파운드리 기업을 인수하는 것입니다. 기왕이면 규모도 어느 정도 되고, 지속적으로 흑자를 내고 있으며, 부채비율 등도 안정적인 재무 구조를 갖춘 기업이 좋겠죠. 굳이 3나노미터 기술이 없어도 됩니다.

2단계는 삼성전자 내의 파운드리 구조조정입니다. 파운드리 전체로 보면 어려움을 겪고 있지만 분명 현재 잘하고 있는 분야와 부서가 존재할 것입니다. 확실한 경쟁력을 지닌 단위 사업부 위주로 조직 슬림화를 시행하는 것이죠. 동시에 제조 시설 분리 등이 이루어져야 합니다.

3단계는 구조조정이 끝난 삼성전자의 파운드리 사업부를 분사하여 앞서 인수한 기업과 합병하는 것입니다. 물론 합병의 주체는 새롭게 인수한 기존 파운드리 업체가 되어야 하고, 주요 경영진 역시 인수한 파운드리 업체 멤버 그대로 유임하는 것이 바람직합니다. 합병을 통해 제품 포트폴리오 및 기술의 스펙트럼을 넓히는 효과가 발생합니다. 현대자동차는 이미 이런 방식으로 자율주행 스타트업인 포티투닷42dot을 인수한 바 있습니다. 현대자동차 내에 유사한 업무를 하는 조직이 있었지만 인수한 스타트업을 사내 조직에 흡수시키는 대신 기존 조직의 직원들을 포티투닷으로 이관하고 포티투닷의 독자적인 운영을 보장했습니다.

스타트업 대표와 멤버들이 사내 조직에 흡수될 경우 스타트업이 지닌 장점을 현대자동차에 이식하기보다는 오히려 스타트업이 현대자동차 문화에 동화되는 것을 막기 위한 조치입니다.

4단계는 삼성전자가 유상증자를 통해 파운드리 자회사의 지분율을 높이고 합법적으로 자본을 수혈하는 것입니다. 이렇게 함으로써 파운드리 합병사의 생산 시설 확장에 필요한 자본을 확보하는 것이지요.

5단계는 지속적인 성장입니다. 스타트업에 투자해 빠른 성장을 일구어 낸 지멘스, 인텔 등 해외 기업들의 사례를 보면 알 수 있습니다. 고객을 확보해 주는 것이 가장 효율적인 성장 전략입니다. 삼성전자가 자체적인 일감을 주는 것은 기본이고, 고객 및 파트너 네트워크를 활용해 파운드리 자회사에 고객을 연결해 주는 게 핵심입니다.

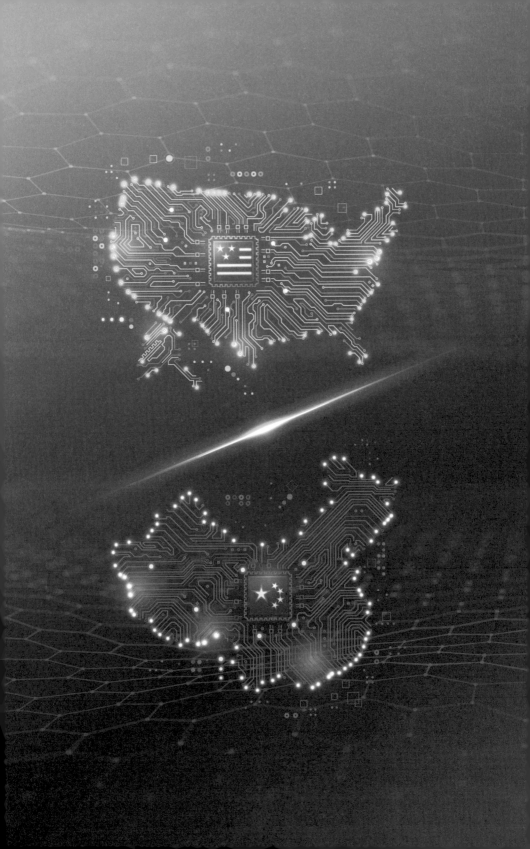

3장

미국이 반도체, 2차전지에 목매는 이유

팬데믹이 부른 물류 대란

2019년 11월에 중국 우한에서 시작되어 전 세계를 강타한 팬데믹(코로나19)은 글로벌 경제와 산업 지형에 큰 변화를 가져왔습니다. 산업을 연구하는 관점에서 볼 때 가장 중대한 변화는 이전까지 맹신했던 글로벌 분업화에 대한 의구심이 증폭되었다는 점입니다.

그동안 세계 각국은 우루과이라운드, WTO, FTA 등 다양한 자유무역협정을 체결하며 글로벌 분업화를 진행해 왔습니다. 자원의 비대칭성, 제조 원가 격차, 생산과 소비 불균형 등 경제적인 동인에 의해 국가별, 지역별 생산품 차별화가 확대되었고요. 이를 통해 기업과 소비자는 자본적 이득을 획득했습니다.

그러다 팬데믹이 발발하며 도시 전체가 봉쇄되었고, 국경이 폐쇄되자 국가 간, 대륙 간 수출입에 큰 지장을 초래했습니다. 오랜 기간의 글로벌 분업화를 통해 완전한 자급자족 경제를 구축한 나라는 이미 지구상에 존재하지 않습니다. 필수재, 내구재 할 것 없이 대부분의 국가는 일상에서 사용되는 재화의 상당수를 수입에 의존합니다.

취약한 2차 산업 기반이 야기한 물류 대란

그동안 당연하다고 여겼던 재화의 이동이 막히자 큰 혼란이 발생했습니다. 경제 대국 미국도 예외는 아니었죠. 미국은 지난 수십 년 동안 3차 산업 위주로 발전해 왔기에 2차 산업 기반이 취약합니다. 인건비와 전기세가 저렴한 중국, 동남아, 동유럽, 중남미 국가들이 많은데 굳이 미국에 공장을 지을 필요를 못 느꼈던 것이죠. 해외에 공장을 운영하거나 남의 제품을 사다 쓰면 되니까요. 그나마 미국 자체가 워낙 자원이 풍부하기 때문에 광물과 식량은 큰 문제가 없었습니다. 반면에 부분품이건 완제품이건 공산품의 수급이 가장 큰 문제였을 것입니다.

미국의 주요 수입국 순위를 보면 Top 10 가운데 북미 2개국, 아시아 6개국, 유럽 2개국이 포함되어 있습니다. 수입 상위 10개국 가운데 6개가 아시아에 있다는 말은 미국의 서부 항만 시설을 통한 물동량이 가장 많다는 의미가 됩니다. 특히나 로스앤젤레스^{LA}항과 롱비치항의 역할이 큰데요. 한창 코로나가 진행 중이던 2021년 국내외 기사를 보면 당시의 절박한 상황을 알 수 있습니다.

- 미국 경제 매체 〈폭스 비즈니스〉는 19일(현지 시간) 로스앤젤레스항과 롱비치항 입항을 기다리는 화물선이 18일 기준으로 157척에 달해 역대 최대치를 기록했다고 보도했다. LA항과 롱비치항은 미국에 도착하는 컨테이너선 하역 작업의 40%를 처리하는 대아시아 무역 관문이다.

- 미국의 대아시아 무역 관문인 LA항과 롱비치항은 최근 수입 화물 병목 현상으로 극심한 몸살을 앓고 있다. 컨테이너선 운송 비용이 코로나 사태 이전과 비교해 3배로 껑충 뛰었고, 화물을 부두에 내리지 못해 발을 동동 구르는 사태가 속출하고 있다.

물류 대란이 부른 인플레이션과 경제 충격

수출국의 엄격한 방역 과정을 거쳐 겨우 미국에 도착했는데 항구의 하역 작업이 지연되며 물품이 통관되지 못하는 상황이 발생했습니다. 물류 비용이 3배로 증가했으니 최종 제품 가격도 폭등했을 테고요. 그나마 돈이 있어도 통관되는 물량이 적어 품귀 현상이 만연했습니다. 미국은 글로벌 분업화에 대한 의존도가 높았던 만큼 충격도 크게 받았습니다.

당시 어떤 품목이 가장 충격이 컸을까요? 당연히 수입을 많이 하는 품목이겠지요. 금액 기준 미국의 수입 1위 품목은 자동차입니다. 자동차 종주국의 이미지를 갖고 있는 미국이 가장 많이 수입하는 품목이 자동차라는 사실이 이채롭게 느껴지지 않나요?

미국은 전체 수입의 6.7% 정도가 자동차에서 발생합니다. 지난 15년 동안 미국의 수출입을 분석해 보면 자동차 수입 금액이 전년 대비 감소한 것은 2018년과 2020년 단 두 차례에 불과합니다. 2018년 자동차 수입 감소는 단 1.2%에 불과했으니 사실상 변동이 없는 수준입니다. 그런데 코로나 사태가 본격화된 2020년 미국의 자동차 수입은 18.8% 감소했습니다. 자동차 수출 역시 18.7% 감소했고요. 참고로 미국은 자동차 수출도 많이 합니다. 전체 수출 품목 중 세 번째로 금액이 큰데요. 1, 2위는 모두 석유 제품입니다.

미국의 수출 3위이자 수입 1위 품목의 교역 규모가 20% 가까이 감소했다는 사실은 국가 경제 전체로 보더라도 상당한 충격입니다. 수출입 비중이 낮은 제품 가운데는 더 큰 충격을 받은 품목도 있었을 겁니다.

아웃소싱 생산기지의 한계를 절감한 미국

미국이 자동차를 주로 수입하는 국가는 멕시코, 일본, 한국, 캐나다, 독일 등입니다. 그런데 2020년 한국을 제외한 나머지 4개국으로부터의 수입은 매우 크게 감소했습니다. 거리가 먼 일본, 독일 등의 수입은 각각 17.5%, 30.8% 감소했고, 심지어 근거리에 있는 멕시코, 캐나다 등도 수입이 각각 21.4%, 21.9% 감소했습니다.

지역에 상관없이 수입이 감소했다는 것은 육상, 해상, 항공 물류가 모두 막혔다는 의미입니다. 미국의 입장에서는 NAFTA 협정으로 그동안 경제적 단일 국가라고 여겼던 멕시코, 캐나다조차도 코로나와 같은 비정상적인 상황이 되면 유럽이나 아시아 이상으로 먼 나라가 되어 버린다는 사실을 깨달은 셈이죠. 미국의 정치 지도자들은 미국 영토 내에 있지 않은 생산기지는 결코 자신들 게 아니라는 사실을 새삼스레 자각하게 된 계기였습니다. 오랜 세월 동안 WTO, FTA, NAFTA 체제하의 글로벌 분업화에 익숙해지다 보니 너무도 당연한 사실을 잊고 있었던 것이죠.

이렇게 코로나를 겪으며 미국을 포함한 많은 국가가 지난 반세기 동안 맹신했던 글로벌 공급망에 대한 의구심이 점차 확신으로 바뀌었습니다. 그리고 주요 산업의 공급망(밸류 체인value chain)을 자국 영토 내에 구축해야 한다는 새로운 과제를 안게 되었습니다.

독자적 공급망 구축과 글로벌 시대의 종말

국가별 독자적인 공급망 구축은 사실상 글로벌화[化] 시대의 종말을 고하는 선언과도 같습니다. 원시 시대에 이루어졌던 부족별 자급자족 시대로 회귀하는 것이죠. 1회성 이벤트로 치부하기엔 코로나의 여파가 너무 컸던 모양입니다.

과거 흑사병(페스트)이 사회적, 정치적, 경제적 관점에서 큰 변화를 가지고 왔듯이 21세기에 등장한 코로나 팬데믹 역시 경제와 산업 분야에 커다란 변곡점이 되었습니다. 그렇지 않아도 세계적으로 정치인들의 자국 우선주의가 세력을 확대해 나가고 있던 시점에 팬데믹이 이를 더욱 가속화시킨 것이죠. 단순히 정치 지도자들의 자국 우선주의 성향이 공급망 자립화를 촉진한 것은 아닙니다. 산업 전반의 리스크 대응 측면에서도 고려해야 합니다. 과거 글로벌 분업화가 자연스럽게 구축된 것은 기업들의 공급망 구축 우선순위가 수익성이었기 때문입니다. 그런데 팬데믹을 겪으면서 수익성이 다소 낮아지더라도 안정성이 더 중요하다는 사실을 인식하기 시작한 것이죠.

일반적인 상황에서는 수익성에 다소 불리하더라도 팬데믹, 전쟁, 무역 분쟁 등 위기 상황이 닥쳤을 때 소재, 부품, 장비 등을 안정적으로 공급받을 수 있고, 완제품을 주력 시장에 무사히 전달할 수 있는 '안정성'에 방점을 둔 전략 변화로도 해석할 수 있습니다.

[표 25] 글로벌 밸류 체인 구축 기준

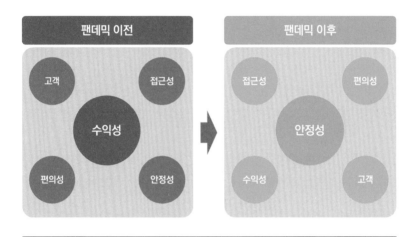

출처 : 이주완

[표 26] 미국의 수입 상위 10개 품목(2023년)

순위	코드	품목	수입(100만 달러)
1	8703	자동차 및 기타 운송 수단	207,961
2	2709	석유	165,333
3	8517	전화 세트	117,077
4	8471	자동 데이터 처리 장치	103,206
5	9801	물품 반출 및 반송	93,539
6	3004	의약품	86,917
7	8708	자동차 부품 및 부속품	85,537
8	3002	사람 및 동물의 혈액	81,738
9	2710	원유 이외의 석유류	66,242
10	8473	8471의 부품 및 부속품	32,075

출처 : 한국무역협회

[표 27] 미국 연도별 자동차 수출입

연도	수출		수입	
	금액(100만 달러)	증가율(%)	금액(100만 달러)	증가율(%)
2024년(9월)	46,020	-3.1	160,641	7.2
2023년	63,035	9.0	207,961	25.4
2022년	57,851	5.8	165,903	13.6
2021년	54,682	19.8	146,044	1.7
2020년	45,643	-18.7	143,589	-18.8
2019년	56,164	9.2	176,853	1.1
2018년	51,443	-4.0	174,947	-1.2
2017년	53,581	-0.4	177,149	3.4
2016년	53,807	-2.8	171,380	2.5
2015년	55,343	-10.3	167,208	8.2
2014년	61,675	8.0	154,514	0.5
2013년	57,132	4.7	153,750	4.2
2012년	54,559	12.9	147,615	19.8
2011년	48,320	22.9	123,244	7.0
2010년	39,324	38.7	115,200	42.0

출처 : 한국무역협회

[표 28] 미국 국가별 자동차 수입 증가율

연도	국가별 수입 증가율(%)			
	멕시코	일본	캐나다	독일
2024년(9월)	13.5	4.6	-17.1	4.8
2023년	23.1	22.1	32.2	22.3
2022년	23.5	0.4	3.6	27.7
2021년	-1.1	1.3	-13.9	22.6
2020년	-21.4	-17.5	-21.9	-30.8
2019년	8.1	-3.2	-1.0	-4.2
2018년	15.2	1.4	-12.7	-9.2
2017년	26.5	1.5	-4.6	-6.7
2016년	0.8	9.7	7.2	-17.3
2015년	11.1	5.5	-1.2	2.4
2014년	5.4	-10.3	-0.9	0.0
2013년	14.8	0.2	-4.2	10.0
2012년	14.9	25.7	17.9	20.2
2011년	6.8	-6.4	7.2	14.3
2010년	43.9	32.9	57.1	53.3

출처 : 한국무역협회

| 02 |

4차 산업혁명 시대란?

요즘은 AI에 밀려 관심사에서 멀어지기는 했지만 몇 년 전까지만
해도 4차 산업혁명은 뜨거운 이슈였습니다. 많은 기업이 새로운
먹거리를 찾기 위해 4차 산업혁명이 무엇인지, 어떤 변화가 일어
날지에 대해 고민했습니다. 커다란 변화의 순간에 도태되지 않고
승자가 되기 위한 노력이죠.

4차 산업혁명을 영어로는 'Industry 4.0'이라고 하는데요.
2010년 전후에 독일을 위시한 유럽의 일부 국가들과 미국 등이
기술 혁신을 위한 연구를 수행하고 있었고, 상당히 유사한 개념
의 산업 전환 트렌드를 제시했습니다. 그중 가장 선두에 있었던
나라가 독일이지요.

독일 연방 정부는 자국을 전 세계 혁신 리더로 자리매김하기 위해 '새로운 하이테크 전략the new High-Tech Strategy'의 일환으로 10대 프로젝트를 진행했는데요. 그 하나가 인더스트리 4.0Industry 4.0이었습니다. 2012년 BMBFBundesministerium für Bildung und Forschung(독일 연방 교육연구부)의 보고서에 이 용어가 등장했습니다.

독일 연방 정부의 10대 프로젝트는 각각 사회적, 기술적 트렌드에 주목하고 삶의 질을 높이며 생활의 토대를 보호하고 중요한 선도 시장에서 자국의 산업 경쟁력을 높이는 데 주안점을 두고 있습니다. 이 미래 지향 프로젝트에는 친환경/신재생 에너지, 고령화/맞춤형 의약, 친환경 운송 수단, 정보 보안 등이 포함되어 있는데요. 산업 관련해서는 인더스트리 4.0(4차 산업혁명)이 제시된 것이죠. 독일은 이미 혁신적인 제조 기술, 복잡한 산업 공정 관리, IT, 임베디드 시스템Embedded System, 기계/플랜트 산업 역량 등에서 세계 최고 수준이므로 인더스트리 4.0을 도입하기에 최적이었습니다.

에너지로 구분한 산업혁명

2016년 다보스 포럼의 공식 주제가 '4차 산업혁명의 이해Mastering the 4th Industrial Revolution'로 정해지면서 이 개념이 세계적인 주목을 받습니다. 우리가 언론을 통해 4차 산업혁명이란 단어에 친숙해지기 시작한 것도 다보스 포럼 이후일 것입니다. 4차 산업혁명이 무엇인지에 대해 깊숙이 들어갈 의도는 없으나 이에 대한 기본적인 이해가 바탕이 되어야 미래 사회 반도체, 2차전지의 중요성을 알 수 있기에 조금만 더 설명을 이어 가겠습니다.

현재의 생산 활동은 IT가 자동화 설비에 접목된 형태로 다소 진보되긴 했으나 큰 틀에서는 2차 산업혁명 시기에 도입된 연속 일관 공정 시스템이 유지되고 있는 상황입니다. 연구자에 따라 기준에는 다소 차이가 있긴 하나 일반적으로 산업혁명을 구분하는 것은 에너지 방식의 변화와 글로벌 생산성의 급격한 향상입니다.『반도체 패권전쟁』에서는 대중에게 친근한 에너지 방식의 변화를 기준으로 삼겠습니다.

1차 산업혁명은 바람, 소, 말 등을 동력으로 사용하던 시절에서 증기기관이 발명되어 석탄과 수력(증기)을 에너지원으로 사용하는 변화를 일컫습니다. 이때 비로소 기계식 생산 설비가 등장하고, 본격적인 공업화의 시대가 시작되었죠. 1784년에 등장한 최초의 기계식 방직기가 시발점이라고 합니다.

2차 산업혁명은 전기가 동력으로 사용되고 컨베이어벨트 시스템에 의한 자동화가 시작된 시기를 가리킵니다. 전기에너지에 의한 자동화의 도입을 의미하는데요. 최초의 컨베이어벨트 시스템은 1870년 미국 신시네티의 한 도축장에서 시작되었다고 합니다.

이제부터는 학자 간의 이견이 많은 부분인데요. 어떤 이들은 컴퓨터의 등장으로 전자공학과 IT를 자동화 생산에 활용하기 시작하면서 3차 산업혁명이 시작되었다고 주장합니다. 그리고

1969년 최초의 프로그램 방식의 로직 컨트롤러인 모디콘Modicon 084가 시발점이라고요. 그러나 일부 학자들은 컴퓨터의 등장은 에너지(동력)의 변화가 없기 때문에 새로운 산업혁명이라고 할 수 없다고 주장하는데요. 그런 의미에서 우리는 아직 2차 산업혁명 시대를 살고 있다고 말합니다.

4차 산업혁명 시대

산업혁명의 정의는 경제학자들 사이에서도 이견이 많은 분야라 다소 혼동이 있을 수 있습니다. 그러나 우리는 DFKIDeutsches Forschungszentrum für Künstliche Intelligenz(독일 인공지능연구소)의 정의를 받아들여 현재를 3차 산업혁명 시대로 명명하겠습니다. 그래야 4차 산업혁명 시대를 논할 수 있으니까 말이죠.

4차 산업혁명의 정의는 CPSCyber Physical System(사이버 물리 시스템)가 본격적으로 도입되어 부품, 장비 간 형성된 긴밀한 네트워크를 통해 유연한 생산 활동이 가능해짐을 말합니다. 여기서 사이버 물리 시스템이란 실제 공간과 인터넷, 무형의 서비스 등 가상의 공간을 SW, 센서, 정보 처리 장치 등을 활용해 실시간 통합하는 시스템을 의미합니다.

사이버 물리 시스템의 완성을 위해서는 현재 도입 초기에 있는 IoTInternet of Things와 IoSInternet of Services 생태계가 먼저 구축되어야 하는데요. 능동적인 사물 간 통신을 통해 중앙 집중식에서

[표 29] **산업혁명 변천사**

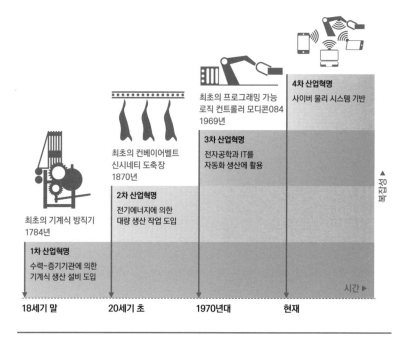

최초의 프로그래밍 가능
로직 컨트롤러 모디콘084
1969년

4차 산업혁명
사이버 물리 시스템 기반

최초의 컨베이어벨트
신시네티 도축장
1870년

3차 산업혁명
전자공학과 IT를
자동화 생산에 활용

2차 산업혁명
전기에너지에 의한
대량 생산 작업 도입

최초의 기계식 방직기
1784년

1차 산업혁명
수력-증기기관에 의한
기계식 생산 설비 도입

시간 ▶

18세기 말   20세기 초   1970년대   현재

출처 : DFKI

분산형으로, 획일적인 생산에서 다양화되고 고객 맞춤형 생산으로 변모되는 것이 큰 차이라 할 수 있죠.

스마트 팩토리로 대표될 수 있는 4차 산업혁명 시대의 가장 주목할 만한 변화는 IoT 기술을 활용한 사물들의 유기적인 결합과 상호 커뮤니케이션의 본격화입니다. 또 각 제조 공정에서 기계나 부품이 능동적인 동작을 수행하기 위해서는 스스로 인지하고 판단할 수 있는 능력이 요구되므로 고성능 센서류와 인공지능이 필수죠.

4차 산업혁명의 핵심 반도체

4차 산업혁명 시대가 추구하는 새로운 생산 방식을 구현하기 위해서 다양한 기술과 제품이 요구되지만 이러한 요소들을 구성하는 핵심 부품은 결국 반도체일 수밖에 없습니다. 특히, 메모리보다는 컨트롤러, 아날로그, 통신, 바이오 등 비메모리 제품 수요가 크게 확대될 전망입니다. 그리고 스마트 팩토리에서는 당연히 로봇과 인공지능AI의 활용도가 높아지는데요. 인공지능은 결국 GPU, HBM 등과 같은 반도체로 귀결되고, 로봇은 거추장스럽고 작업에 방해되는 전선을 최소화하기 위해 고성능 배터리를 탑재할 수밖에 없습니다.

[표 30] **스마트 팩토리를 활용한 생산의 특징**

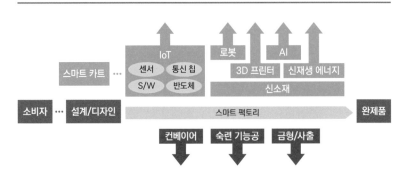

출처 : 이주완

한편 IoT 활용이 확대됨에 따라 제조, 판매 이후 여러 가지 비즈니스 연계가 가능해진다는 특징도 나타납니다. IoT 기능을 탑재한 제품들이 출하됨에 따라 제품 판매 이후 소비자들의 사용 단계에서 다양한 데이터를 수집할 수 있으며, 이를 활용한 후속 비즈니스 모델 구축이 가능하죠.

예를 들면 제품에 부착된 각종 센서를 통해 사용자의 취향과 특성을 파악할 수 있는 다양한 정보들을 수집할 수 있으며 빅데이터big data 분석을 통해 고객 맞춤형 상품 설계가 가능해집니다. 이때 전제 조건은 스마트 팩토리가 일상화됨에 따라 생산 단계에서 이미 모든 제품에 IoT를 부착한 상태라는 것입니다.

IoT가 부착되었다는 의미는 이미 센서 및 통신을 위한 반도체 칩이 사용되었다는 의미가 되고, 이를 동작시키기 위한 배터리(2차 전지) 역시 포함되어 있다는 말입니다. 그리고 이 과정에서 컨베이어, 숙련 기능공, 금형/사출 등과 같은 쇠퇴하는 분야도 있겠지요.

[표 31] 새로운 패러다임에서의 생산과 서비스 활동

Production	Use	Data Analysis	Customized Service
Smart Factory	Data Gathering	Big Data	Reproduction Hetero-Collaboration
Sensor NFC/Beacon/RFID IoT/CPS 3D Printing	Sensor IoT Embedded Chip	Super Computer SSD S/W	All

출처 : 이주완

과거 산업혁명 시기에 경험했듯이 생산 및 경제 활동의 틀이 바뀌면 새로운 비즈니스 기회 창출을 통해 수혜 업종이 등장함과 동시에 일부 산업은 강력한 대체재의 등장으로 쇠락의 길을 걷게 됩니다. 변화에 편승하고 활용하는 분야와 적응하지 못하는 분야의 차이겠죠.

1차 산업혁명 당시 증기기관의 등장으로 기계 산업이 태동하자 새로운 업종이 대거 등장했지만 기계 동력이 그 역할을 대체하게 된 산업은 오히려 쇠락의 길을 걸었습니다. 예를 들어 기차, 철도, 증기선, 기계식 공장 등 대량 운송 및 고중량heavy-lifting 산업은 부흥했고, 마차, 범선, 말 농장, 마馬 시장, 가내 수공업 등 다수의 일자리는 소멸했습니다. 증기라는 새로운 동력원이 등장하며 기존의 동력원인 말 관련 산업이 축소되고 기계가 등장함으로써 노동 집약적인 산업에서 인력 대체 현상이 발생한 것이죠.

4차 산업혁명도 마찬가지입니다. 생산 방식과 산업 패러다임의 변화를 수반하게 되므로 수요의 팽창과 더불어 급격히 성장하는 산업과 대체재의 등장으로 쇠퇴하는 산업이 존재할 것입니다.

능동형 자동화, 사물 인터넷, 무인 수송, 실감형 콘텐츠 등 4차 산업혁명 핵심 분야는 성장 잠재력이 크고 적용 분야가 많아 차세대 주력 산업으로 발돋움할 수 있습니다. 반도체, 센서, AI, 통신 칩, GPS, 드론, 자율 주행 자동차, 3D 프린터, 로봇 등이 여기에 해당합니다. 한편 일부 산업은 자신의 고유한 정체성을 유지하면서 IoT 기반의 새로운 접근을 통해 비즈니스를 변형, 확장시켜

[표 32] **4차 산업혁명 시대의 산업 유형별 영향**

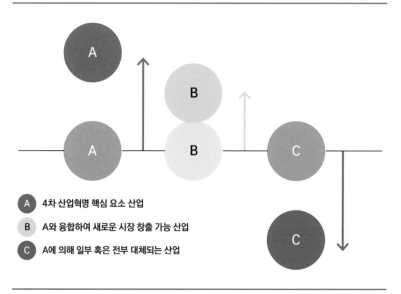

A **4차 산업혁명 핵심 요소 산업**

B **A와 융합하여 새로운 시장 창출 가능 산업**

C **A에 의해 일부 혹은 전부 대체되는 산업**

출처 : 이주완

성장동력을 확보할 것으로 예상할 수 있습니다. 하지만 수동형 자동화, 공급자 중심 생산 기획, 오프라인 교육 기관, 오프라인 순수 유통점 등 신산업에 그 역할의 일부를 빼앗기게 될 분야는 축소 내지 소멸될 우려가 있습니다.

4차 산업혁명 시대에 예상되는 7가지 변혁의 키워드는 ① 생산자와 소비자 직접 소통, ② 스마트 팩토리로 전환, ③ 실감형 콘텐츠 기반의 교육, 훈련 확대, ④ 당일 배송을 위한 하이브리드 hybrid 물류 확산, ⑤ 지능형 교통, 운송 시스템 도입, ⑥ 데이터 전쟁, ⑦ 서비스 융합 등을 꼽을 수 있습니다.

각각의 키워드에 대해 자세히 설명하자면 끝이 없으니 결론만 이야기하겠습니다. 위의 7가지 변혁 키워드를 통해 4차 산업혁명 시대에 뜨는 산업과 지는 산업을 추론할 수 있습니다. 그 결과를 하나의 도표로 그려 보았습니다. [표 33]을 보면 뜨는 산업 가운데 반도체와 관련된 아이템으로는 AI, 빅데이터, 클라우드, 광학, 센서, 통신 칩, 반도체, SSD 등이 있습니다. 또 2차전지와 연료전지도 포함되어 있습니다. 서비스 분야를 제외하면 반도체와 2차전지가 절반 정도를 차지하는데요. 미국의 석학들도 이를 모를 리 없겠죠.

[표 33] **4차 산업혁명 시대의 뜨는 산업과 지는 산업**

SW	HW	서비스
빅데이터, AI, 실감형 콘텐츠, 영상/음향 콘텐츠, 클라우드	광학, 센서, 반도체, 통신 칩, VR, AR, MR, 의료 기기, SSD, 3D프린터, 로봇, 서버, 드론, 바이오, 웨어러블, GPS, 위성, 신소재, 2차전지, 연료전지	웹 디자이너, 양자통신, 통신 트래픽 관리, 드론 조종, 블록체인, 소형 창고, 복합몰, 약품 배송, 가상 테마파크, 인쇄 플랫폼, 전기충전소, 연료전지 스테이션

HW	서비스
HDD, 컨베이어, 금형/사출, 선반 가공, 셔틀버스, 트럭, 휘발유, 가솔린, PC 본체	설문조사, 상품 기획자, 대규모 마케팅, 직업훈련소, 학원, 버스기사, 택배기사, 대형 창고, 주유소, 운전면허학원, 카센터, 자동차보험, 인쇄소, 약국, 중소형 병/의원, 대형 마트, 백화점, SPA 숍, 의류상가, 스키장, 골프장, 놀이공원
SW	
OS, PC SW	

출처 : 이주완

산업 융합과 생태계의 변화

영어의 전치사 trans(트랜스)의 사전적인 의미는 '~을 넘어서', '저쪽으로'입니다. 지형학적 경계를 넘는다는 의미 외에도 영역, 분야, 범주를 넘어선다는 의미로도 사용됩니다. IoT로 촉발된 4차산업혁명, 제조업과 서비스업의 융합, 이공계와 인문학적 소양을 갖춘 통합형 인재 등 최근 이슈가 되는 시대 흐름은 결국 경계를 넘어서는 것에서 출발합니다. 이때 앞서 언급한 CPS(사이버 물리 시스템), IoT(사물 인터넷), IoS(서비스 인터넷) 등이 경계를 넘는 사다리 혹은 터널의 역할을 수행하게 됩니다.

4차 산업혁명 시대의 대표적인 특징이 산업 간, 업종 간 경계가 사라지는 것이기 때문에 기업들은 자의든 타의든 생존을 위해 트랜스를 경험하게 되죠. 산업과 경제 분야에서는 트랜스 즉, 경계가 파괴 내지 변경되는 다양한 사례가 관찰되고 있습니다. 또 그 빈도도 증가하는 추세입니다. 트랜스의 유형도 과거 우리가 경험했던 단순 결합에서 기존에 존재하지 않았던 새로운 비즈니스가 등장하는 사례까지 다양합니다. 트랜스 사례들은 표면적으로는 유사해 보이지만 그 배경과 변화의 형태를 살펴보면 작지 않은 차이가 존재하며, 추구하는 방향도 다릅니다. 따라서 다양한 형태의 트랜스 사례를 유형별로 정리하고, 각각이 의미하고 추구하는 바를 객관적으로 파악하는 작업이 필요합니다.

산업의 경계를 넘는 트랜스 인더스트리의 부상

트랜스의 유형은 기존 사업과의 연관성, 보유 인프라 활용 정도 등에 따라 크게 네 가지로 분류할 수 있습니다. 먼저, 기존 사업을 확장하거나 유관 산업으로 진출하는 경우가 가장 변화가 적다고 볼 수 있습니다. 반대로 기존 사업을 철수하고 새로운 사업으로 넘어가는 경우가 가장 크게 변화하는 것이겠죠.

또한 기존 산업을 어느 정도 유지하면서 새로운 사업을 추가하는 경우에는 단순히 물리적 결합을 하는 경우와 화학적 결합을 통한 융합 모델을 제시하는 경우를 생각할 수 있습니다. 트랜스 가운데 특히 산업(인더스트리industry)의 경계를 넘어 새로운 변화를 추구하는 것을 '트랜스 인더스트리'라고 정의하면 트랜스 인더스트리는 다음의 4개 유형으로 구분할 수 있습니다.

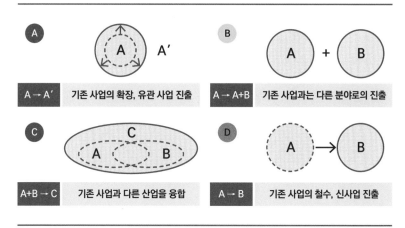

[표 34] **트랜스 인더스트리의 유형별 정의와 특성**

유형	정의와 특성
A → A′	기존 사업의 확장, 유관 사업 진출
A → A+B	기존 사업과는 다른 분야로의 진출
A+B → C	기존 사업과 다른 산업을 융합
A → B	기존 사업의 철수, 신사업 진출

출처 : 이주완

첫 번째 유형은 기존에 영위하던 사업에서 그 영역을 확대하거나 시너지가 창출될 수 있는 유관 분야로 진출하는 방식입니다. 수직적 사업 확대 전략도 여기 포함됩니다. 기존 사업에 기반을 둔 노하우, 인프라를 활용할 수 있으며 가치 사슬을 내재화할 수 있다는 장점이 있습니다. 그러나 안정적인 내부 거래에 지나치게 의존하게 되는 단점이 나타날 수도 있습니다. 대표적인 사례로는 온라인 쇼핑 업체인 알리바바와 이베이가 지급, 결제 시스템으로 진출한 것, 온라인 쇼핑 업체인 아마존이 물류로 진출한 것, 항공기 부품 업체인 GE항공이 항공기 엔진 최적화 서비스On Wing

Support 사업에 진출한 것, 타이어 제조 업체인 미쉐린이 자동차 운행 모니터링 서비스(공기압, 온도, 속력, 위치) 사업에 진출한 것 등입니다.

두 번째 유형은 기존 사업을 유지하되, 기존 사업과 연관성이 적은 사업에 진출하는 경우입니다. 시너지를 크게 기대할 수 없지만, 자기 잠식 우려가 적어 성공 시 성장 가능성이 크고 기존 사업과의 상관관계가 적어 사업의 체계적 리스크를 낮춰 경기 대응력을 높일 수 있습니다. 기존 사업의 현금 흐름은 양호하지만 성장 가능성은 낮을 때, 혹은 유력한 성장 시장이 존재할 때 주로 채택하는 유형입니다. 대표적인 사례로는 통신 사업자인 소프트뱅크가 게임(슈퍼셀)과 로봇(페퍼) 시장에 진출한 것, 숙박(호텔) 업체인 롯데호텔이 유통(면세점) 시장에 진출한 것, 숙박(호텔) 업체인 조선호텔이 베이커리(데이앤데이) 사업에 진출한 것, 온라인 쇼핑 업체인 아마존이 클라우드AWS 사업에 진출한 것 등입니다.

세 번째 유형은 기존 사업과 다른 사업을 융합하여 새로운 가치를 창출하는 경우입니다. 두 번째 유형에서 새로운 사업으로의 진출이 기존 사업 A와 신사업 B가 그대로 존속되는 물리적 결합을 의미했다면, 이 유형은 A와 B를 결합하여 새로운 C가 창출되는 화학적 결합을 의미합니다. 대표적인 사례로는 MP3, 휴대폰, 카메라가 합쳐진 스마트폰이 탄생한 것, 닌텐도의 캐릭터, 구글의 지도앱, 나이언틱Niantic의 증강현실이 합쳐진 포켓몬 GO, 카카오의 플랫폼과 택시(운송)가 결합된 카카오택시, 구글 안드

[표 35] 트랜스의 유형별 특징과 사례들

A 코어 비즈니스 → 코어 비즈니스 + 유관 비즈니스

유관 사업 진출	소매 업체들의 결제 서비스 진출
기존 사업 재해석	운송 장비 모니터링 서비스, 네스트의 리워드 프로그램

B 코어 비즈니스 → 코어 비즈니스 + 이종 비즈니스

신성장 동력을 위한 진출	성장 정체 통신사들의 이종 비즈니스 진출
신흥 시장 선점	모바일 결제 시장에 뛰어드는 여러 업체
기존 사업 부산물의 사업화	온라인 쇼핑몰 아마존의 클라우드 서비스

C 코어 비즈니스 + 이종 비즈니스 → NEW 비즈니스

제품이나 서비스 등 융합	방송+통신=IPTV, 금융+IT기술=핀테크, 아이폰 등
융합형 플랫폼 모델 확대	구글, 네이버(검색+광고 서비스), 아마존(킨들+콘텐츠) 등

D 코어 비즈니스 → 이종 비즈니스

기존 사업 철수와 새로운 분야 진출	노키아의 네트워크 장비 진출, 후지필름의 제약 바이오 진출

출처 : 이주완

로이드OS와 게임, S/W가 합쳐진 플레이 스토어 등입니다.

네 번째 유형은 기존 사업을 철수하고 새로운 분야로 진출하는 경우입니다. 기존 사업의 경영 환경이 악화되고 유관 산업으로 변화하기도 쉽지 않을 때 나타나는 형태라 할 수 있죠. 기존 사업의 인프라와 인력 구성, 브랜드 이미지 등을 활용하기 어렵다는 점에서 변화 자체를 시도하는 것도 쉽지 않으며, 성공 확률도 낮습니다. 대표적인 사례로는 휴대폰 단말기 제조 업체인 노

키아가 네트워크 장비 제조 업체로 변신한 것, 손목시계 제조 업체인 로만손이 주얼리, 핸드백 업체로 변신한 것, PDP TV 제조 업체인 삼성SDI가 2차전지 제조 업체로 변신한 것, 주류 업체인 두산그룹이 중공업 업체로 변신한 것, 카메라 필름 업체인 후지 필름이 바이오, 사무 복합기, 문서 관리 솔루션 업체로 변신한 것 등입니다.

ICT와 밀접한 융합 트랜스 인더스트리

이 중 세 번째 유형인 '융합'이 ICT 산업과 밀접한 관계가 있기에 좀 더 자세히 살펴보려고 합니다. 융합의 의미를 한국어, 영어, 한자어 등 세 가지 언어로 풀이해 보면 공통적으로 녹아서 합쳐진다는 의미를 담고 있는데요. 기존의 형태가 사라지고 전혀 새로운 존재가 됨을 의미합니다.

표준국어대사전에는 융합을 '다른 종류의 것이 녹아서 서로 구별이 없게 하나로 합해지거나 그렇게 만듦. 또는 그런 일'이라고 정의하고 있습니다. 한자로는 녹을 융, 합할 합 자를 사용해서 융합融合이라고 표기합니다. 그리고 영어에서 융합을 뜻하는 fusion 역시 녹는다는 표현인 '융해'의 의미를 지니고 있는데요. 옥스퍼드 영영사전은 더욱 구체적인 표현을 사용하고 있습니다. 'moving together from different directions.' 번역하자면 서로 다른 방향들로부터 공통된 하나의 방향으로 나아감을 의미합니다.

따라서 산업 간의 융합이란 이종 비즈니스를 녹여 하나로 만드는 것뿐만이 아니라 서로 다른 방향을 지향하던 비즈니스들로부터 새로운 방향을 제시하는 것까지 포함하며, 그렇기에 융합의 산물은 단지 어떤 값(가치)을 갖는 스칼라가 아닌 새로운 방향을 갖는 벡터를 의미합니다.

융합은 갑자기 등장한 새로운 개념이 아니라 이전부터 존재해 왔던 비즈니스의 변형 혹은 확장의 한 형태입니다. 과거에는 결합의 형태가 단순하고 제한적이었지요. 예를 들면 카세트+라디오, 대형마트+놀이방+요식업, 영화관+매점, 포크레인+불도저 등이 있겠습니다. 그러나 최근에는 과거에 연관성이 있다고 생각지 못했던 이종 산업 간의 융합 모델이 많이 등장하고 있습니다. 그리고 그 영향력이 기존의 전통적인 사업자를 위협하는 수준에 이르고 있습니다. 스마트폰, IPTV, 페이팔, 에어비엔비, 웨어러블 디바이스, 인공지능(자율주행) 자동차 등 다양하죠.

이렇게 이종 산업 간의 융합이 진행됨에 따라 비즈니스 생태계에도 변화가 발생합니다. 알다시피 기존의 개별 산업 단위의 생태계를 설명하는 모델은 1차원적인 공급 사슬supply chain 형태입니다. [표 36]의 (a)를 보세요. 여기서 직선 막대는 개별 산업 각각의 공급 사슬을 의미합니다. 그러나 이종 산업 간의 결합으로 1차 융합이 발생하면 (b)와 같이 비즈니스 생태계가 더 이상 직선 형태로 표현되지 않고 2차원인 평면plane으로 구성됩니다. 여기서 한

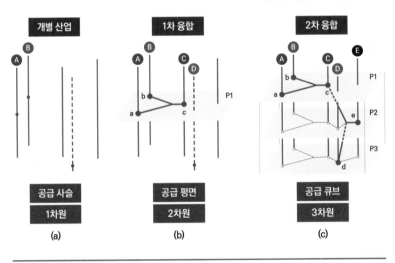
번 더 융합이 일어나면 비즈니스 생태계가 3차원이 되겠지요. 이
것이 (c)입니다.

정보 통신 기술의 진보가 가져온 산업 간 융합

근래에 산업 간 융합이 활발해진 배경을 살펴보면 과거에 개념
으로만 존재했던 형태의 비즈니스를 현실화시켜 주는 정보, 통
신 관련 기술적 진보가 있었기 때문입니다. 소위 ICT Information
and Communication Technology라고 하는 기술입니다. ICT는 하나의

독립된 산업이 아니라 모든 산업에 필수적인 인프라의 성격이 크고, 융합이라는 측면에서 볼 때 산업 간 결합을 가능케 해 주는 첨가제 혹은 촉매 역할을 수행합니다.

한편, 모든 산업을 1차(농림수산업), 2차(제조업), 3차(서비스업)의 세 개 유형으로 구분하는 전통적인 방식은 산업 간 융합을 설명하기에 적합하지 않아 보입니다. 예를 들어 우리가 도로라는 표현을 사용할 때 물리적인 구조물로의 도로는 인공적인 제조물이므로 2차 산업이지만, 도로가 갖는 교통, 물류, 이동 등의 개념은 3차 산업에 가깝습니다. 그러나 자동차, 자전거, 오토바이 등에 탑승해 직접 운전하면 서비스업이라 할 수 없죠.

만약 도로가 ICT와 결합해 새로운 개념의 스마트 도로가 탄생한다면 도로의 산업 정의도 불분명해지고, ICT 자체도 전통적인 방법으로는 산업 분류가 불가능합니다. ICT의 하드웨어는 반도체, 센서 등 2차 산업이지만 통신, 인터넷 등은 3차 산업에 속하기 때문이죠.

산업 간 융합 모델의 기반은 반도체와 2차전지

전통적인 1차, 2차, 3차가 아닌 현대적인 산업 분류가 필요한데요. 필자가 나름의 재분류를 해 보면 1차 산업, 제조업, 서비스업, 주거 및 인프라 등 4개로 분류하는 편이 좀 더 타당해 보입니다. 2차 산업과 3차 산업의 특성을 함께 지닌 분야가 점차 늘어나고 있는 현상을 반영한 결과이죠. 제조업은 2차 산업, 서비스업은 3차 산업과 유사한 개념인데 복합적인 성격을 띠고 있는 주거, 인프라를 별도의 산업으로 분류했습니다. 여기에 ICT를 독립적인 산업이 아닌 연결고리의 개념으로 보면 4개의 독립된 산업군과 이들을 융합시키는 ICT가 중간에 존재하는 형태입니다.

필자는 섬 모델Island Model이라고 이름 지어 봤는데요. 전통적인 산업 분류 체계인 1차, 2차, 3차 산업과 이들의 3×3 매트릭스 조합으로는 해석이 어려운 다양한 융합을 설명하기 편리한 면이 있습니다. 정말 하려는 이야기는 융합 현상 자체가 아니라 융합을 촉진하는 매개체가 ICT라는 것입니다.

과거 정보통신이라는 단어를 들으면 가장 먼저 떠오르는 것은 컴퓨터와 인터넷이었습니다. 요즘은 스마트폰, 태블릿PC, 스마트 워치 등 모바일 기기들, 그리고 인공지능 AI와 챗Chat GPT 아닐까요? 중요한 것은 ICT라는 말에서 직관적으로 떠올리는 단어들이 모두 반도체와 2차전지의 핵심 수요 제품들이라는 것입니다. 성능이 좋든 나쁘든 컴퓨터가 탑재되어 있고, 디지털 방식이기 때문에 당연히 반도체는 핵심 요소입니다. 그리고 요즘은 대부분의 기기가 모바일 형태이기 때문에 2차전지 역시 필수 요소입니다.

이처럼 반도체와 2차전지는 4차 산업혁명의 핵심 요소이면서 동시에 산업 융합의 핵심 요소입니다. 결론적으로 미래에 뜨는 산업과 지는 산업의 명암이 갈리겠지만 공통적으로 유망한 산업

군에는 반드시 반도체와 2차전지가 포함될 수밖에 없습니다.

[표 37] 산업 융합의 섬 모델

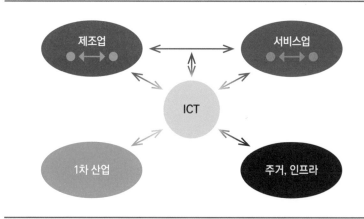

출처 : 이주완

[표 38] 융합의 유형별 사례

출처 : 이주완

| 04 |

모바일화, 디지털화

세상이 빠르게 변하고 있습니다. 앞서 기술했듯이 이를 가능케하는 기술 진보의 대부분은 ICT 관련 제품 혹은 기술입니다. 우리에게 친숙한 개인용 컴퓨터PC, Personal Computer를 자세히 들여다보면 우리가 당연하게 받아들인 변화들이 어떤 과정을 거쳤는지알 수 있습니다.

여전히 출시되고 있지만 젊은 세대에게는 레트로 제품으로 인식되는 데스크탑desktop 컴퓨터가 PC 1세대이지요. 물론 데스크탑 PC도 애플의 매킨토시 시대와 IBM PC 시대로 구분해야 할지 모르겠습니다. 필자가 인생 최초로 접한 PC는 하드 디스크 드라이브HDD, Hard Disk Drive도 없고, 오직 영문 명령어만 인식하는 매킨토시였습니다. 사용이 어려운 매킨토시조차도 일반인들이 가정에 보유하고 있는 경우는 거의 없던 시절이었죠. TV, 영화 등에서나 보던 컴퓨터라는 것을 처음 만난 곳은 KAIST의 한 실험실이었습니다. 전국의 과학 영재들을 모아 9박 10일 동안 서울 홍릉동에 있는 KAIST에서 과학 캠프를 진행했는데, 중고등학교 때 나름 과학을 잘했기에 운이 좋게도 선발되었습니다.

시간이 지나 다시 PC를 접하게 된 곳은 대학교 전산실이었습니다. 이때는 이미 IBM PC가 많이 보급되어 있었습니다. 여전히 HDD는 없었지만 DOS 운영 체계를 사용했습니다. HW뿐만 아니라 SW의 변화가 시작된 것이지요. 그리고 불완전하게나마 한글 입력이 가능해졌습니다. 물론 운영 체계의 명령어는 여전히 영어만 가능했지요.

PC 세계에 새로운 세상이 열린 것은 마이크로소프트^{MS}사가 윈도우^{Windows}라는 OS^{Operating System}를 개발하고 한글과컴퓨터에서 HWP를 개발한 이후입니다. 이때가 대략 필자가 박사 과정에 진학한 이후로 기억합니다. 석사 논문을 작성할 때만 해도 초기 버전의 HWP가 있긴 했지만 레이저 프린터와 호환이 되지 않아 전산실의 레이저 프린터로 출력하기 위해 UNIX 명령어로 일일이 코딩했던 기억이 있습니다. 이때까지만 해도 PC 관련 기술의 진보는 HW보다는 SW가 이끌었던 것 같습니다. 5.25인치 플로피 디스크^{floppy disk}가 3.5인치로 작아지고, HDD가 기본으로 장착되었다는 정도가 HW의 변화였는데요. 저장 용량이 크지 않아 집

드라이브 zip drive 같은 별도의 저장 장치가 필요했습니다.

인터넷 환경도 아주 열악했습니다. 전화선에 모뎀을 연결해 사용하는 방식이었죠. 당연히 속도는 아주 느렸습니다. 인터넷 검색 브라우저도 초기 버전들이었는데요. MS의 익스플로러 Explorer 가 등장하기 전에는 넷스케이프 Netscape사의 네비게이터 Navigator가 주류였습니다.

근대사의 한 장면을 보는 듯한 스토리였는데요. 위에 열거된 PC 및 인터넷 환경이 1984~2000년 사이의 상황입니다. 불과 25년 전, 그러니까 21세기가 막 시작될 때의 현실입니다. 이를 통해 과거 16년 동안 기술의 진보가 매우 느렸다는 사실을 알 수 있습니다.

2000년 이후 본격화된 ICT 발전

2000년 이후 ICT 분야의 변화는 훨씬 빠르게 진행됩니다. 2000년도를 기점으로 얇고 가벼워 현실적으로 휴대가 가능한 노트북 note book, laptop이 등장했습니다. 초기 노트북은 성능 면에서 데스크탑에 다소 뒤졌지만 뛰어난 이동성으로 환영받았습니다. 그러면서 자연스럽게 배터리에 대한 관심이 높아졌지요. 노트북의 최대 장점이 전원이 없는 상태에서 작업할 수 있다는 데 있으니까요.

노트북 등장 이전까지 일반인이 접할 수 있는 2차전지는 자동차의 납 축전지와 휴대용 카세트 플레이어에 들어가는 Ni-Cd 전지 정도였습니다. 그런데 노트북 시대가 본격화되면서 리튬 이온 계열의 2차전지가 주력 제품으로 나서게 됩니다.

데스크탑 시대에서 노트북 시대로 전환되면서 나타난 가장 큰 변화가 바로 컴퓨터의 모바일화와 고성능 2차전지의 등장입니다. 이때 등장한 리튬 이온 전지가 현재도 전기 자동차에 주로 사용되고 있음을 생각하면 당시의 변화가 배터리 산업에 상당한 전환점이 된 것이죠.

컴퓨터의 모바일화 역시 엄청난 파장을 일으키는데요. 지금은 당연하게 여기는 재택근무가 가능해졌다는 사실입니다. 노트북에 탑재되는 CPU^Central Processing Unit나 DRAM은 약간의 사양만 다를 뿐 기술적으로 크게 진보한 것은 없습니다. OS 역시 데스크탑과 동일하지요. 그런데 무선 모뎀이라는 통신 칩의 등장과 장시간 사용이 가능한 리튬 이온 전지의 등장이 컴퓨터의 모바일화를 가능케 했습니다. 무선 모뎀 칩은 당연히 반도체인 로직 IC의 한 종류입니다. 퀄컴 제품이 가장 높은 시장점유율을 차지하고 있죠.

반도체 산업에서 무선 통신 칩의 상용화, 그리고 2차전지 시장에서 리튬 이온 전지의 등장. 이 두가지 기술의 진보가 컴퓨터의 모바일화라는 엄청난 변화의 동인이 된 것입니다. 참고로 지금은 무선통신 기기도 모두 디지털화되어 퀄컴 칩이 사용되고 있지만 초기 무선통신 기기는 아날로그 방식이었습니다.

하지만 불과 몇 년 후 등장한 스마트폰과 태블릿 PC로 인해 노트북의 전유물이었던 모바일 컴퓨터라는 수식어를 머쓱하게 만들었습니다. 스마트폰의 등장은 2차전지 산업의 관점에서는 큰 변화가 없었습니다. 노트북에 들어가던 배터리 용량을 좀 줄이고 작게 만든 정도이지요.

반도체 혁신으로 가속화된 ICT 혁신

이번에는 반도체 쪽의 혁신이 변화를 주도했습니다. 단순한 전화기를 소형 컴퓨터로 탈바꿈시킨 것은 모바일 운영 시스템인 AP^{Application Processor}의 등장입니다. 스마트폰에서 AP는 PC의 CPU 역할을 하는 반도체이죠. 그리고 저전력 DRAM인 LPDDR^{Low Power Double Data Rate} 계열의 모바일 DRAM과 고용량 NAND의 등장도 한 몫을 했고요.

마그네틱 방식인 HDD에 비해 반도체인 NAND로 구성된 SSD는 비쌌기 때문에 노트북보다는 스마트폰에서 먼저 NAND가 주력 저장 장치로 채택되었습니다. 그리고 배터리 소모를 최소화해야 하는 스마트폰의 특성 때문에 저전력 DRAM이 개발되었지요. 물론 저전력 메모리가 스마트폰에만 사용되는 것은 아닙니다. 그러고 나서 스마트폰의 컴퓨팅 기능을 강화한 태블릿 PC가 등장합니다. 노트북의 문서 작업 편의성과 스마트폰의 이동성을 결합한 형태라고 보면 됩니다. 앞서 다루지는 않았지만 스마트폰 등장에 디스플레이 산업의 기술 진보도 큰 역할을 했습니다. 바로 터치 스크린이죠.

이렇게 반도체와 2차전지 분야의 기술 진보가 빠르게 이루어지면서 데스크탑 시대에서 노트북을 거쳐 태블릿 PC 시대로 전환되는 데 걸린 기간이 불과 10년 정도입니다. 1984년부터 2000년까지 16년간의 변화와 비교할 때 기술 진보의 체감 속도 차이는 거북이와 토끼가 아니라 거북이와 두루미 정도가 되겠네요.

필자가 강조하려는 것은 기술 진보의 빠르기가 아닙니다. 기술 진보의 방향을 말하려고 합니다. 컴퓨터의 진화에 대해 주로 설명했지만 중간에 잠깐 무선통신 기기에 대해 언급한 것을 기억하죠? 초기 휴대폰은 디지털이 아니라 아날로그 방식이었다는 이야기였습니다.

기술의 속도보다 중요한 방향성

우리 생활에 크고 작은 영향을 미치는 다양한 변화를 HW 측면에서 보면 공통점이 있습니다. 바로 디지털화化와 모바일화化입니다. 모든 것이 아날로그 방식에서 디지털 방식으로 전환되고 있으며, 휴대성이 필수 요소가 되고 있다는 의미입니다.

2000년대 중반까지만 해도 낯선 곳을 직접 운전해 여행하려면 지도 책이 필수였습니다. 지금은 어떤가요? 지도 책을 보는 사람은 정말로 찾아보기 힘들죠. 스마트폰이나 자동차에 내비게이션이 있기 때문입니다. 지도 책이 디지털화된 것이 내비게이션입니다. 또한 집을 청소하기 위해 열심히 먼지를 마시며 빗자루로 쓸던 기억이 여전히 생생한데 지금은 로봇청소기가 그 역할을 대신합니다. 빗자루와 쓰레받기가 진공청소기를 거쳐 로봇청소기로 변하는 과정이 바로 디지털화 입니다.

종이 책이 이북e-book으로, 주판이 전자계산기로, 다이얼 방식의 전화기가 스마트폰으로, 버스 토큰이 교통카드로, 씽씽카가 전동 킥보드로, 맷돌이 믹서기로 변화되었습니다. 이 모두가 아날로그에서 디지털로 전환된 사례이고, 이것을 가능하게 해 준 기술적 진보의 이면에는 항상 반도체와 배터리(2차전지)가 있었습니다.

앞으로도 이러한 변화의 방향은 마찬가지일 것입니다. 아날로그 방식이던 것들이 빠르고 정확한 디지털 방식으로 전환되고, 고정되어 작동되던 것들이 이동하면서 사용할 수 있도록 모바일화될 것이란 의미이지요.

자동차를 예로 들어 볼까요? 과거 수동식 차량의 경우 전자부품은 거의 없었습니다. 그래서 자동차는 기계라는 인식이 강했지요. 엔진도 변속기도 모두 아날로그 장치였습니다. 전기 자동차는 전혀 다릅니다. 차체, 바퀴, 모터, 축 등을 제외하면 대부분 전자부품으로 이루어집니다. 그리고 자율 주행 자동차는 전기 자동차보다 훨씬 더 많은 반도체가 필요할 뿐만이 아니라 고성능이어야 합니다. 쉽게 말해 인공지능이 모든 것을 제어합니다. 무선통신과 광학, 센서 등의 역할도 상당히 중요한데요. 전부 반도체의 일종이고, 디지털 방식입니다. 자동차는 컴퓨터의 확장 버전이라고 보는 편이 정확합니다. 심지어 몇 년 전 자동차용 반도체 품귀 현상으로 전 세계 자동차 생산량이 급감한 적도 있습니다.

어찌 보면 운송 수단 디지털화의 끝판왕이 레벨 5 완전 자율 주행 자동차라고 하겠습니다. 이렇게 커다란 컴퓨터가 사람을 태우고 이동하려면 엄청난 전기가 필요하므로 배터리 용량이 매우 중요합니다. 완전 자율 주행 자동차의 상용화는 제법 시간이 걸리겠지요.

자동차 얘기가 나온 김에 하나 더 이야기하고 싶습니다. 《하울의 움직이는 성》이라는 애니메이션 영화를 보면서 집이 움직일 수 있다면 얼마나 편할까 하는 공상을 한 적이 있습니다. 영화에서처럼 다리가 달려 걸어 다니지는 않지만 요즘 움직이는 집이 유행하고 있는데요. 바로 캠핑카입니다. 아직은 세컨드 하우스 개념이 강하지만 캠핑카를 주거지로 삼는 사람들도 늘고 있다고 합니다. 바야흐로 주택의 모바일화가 시작된 것이지요.

앞으로도 우리 일상의 모바일화와 디지털화는 지속적으로 진행될 것입니다. 그 핵심에는 여전히 반도체와 2차전지가 있겠지요.

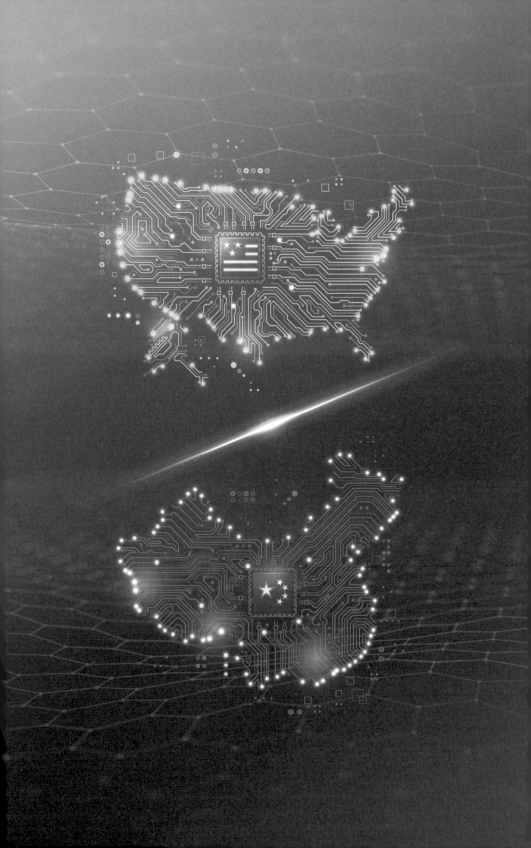

4장

한국 반도체의
취약점

비메모리 반도체의 실체

정부나 언론에서 한국의 반도체 산업을 언급할 때 항상 하는 이야기가 있습니다. '메모리는 잘하는데 비메모리는 약하다. 앞으로는 비메모리 경쟁력을 높여야 한다.' 어떤 의도와 마음으로 하는 말인지는 알겠지만 냉정하게 말해 아무 의미도 없는 공허한 외침이기도 합니다.

비메모리라는 표현을 사용할 때 그것이 무엇을 지칭하는지 화자도 청자도 전혀 알 수 없기 때문입니다. 우선, 이 세상에 비메모리라는 반도체는 존재하지 않습니다. 전 세계에서 반도체 관련 통계를 작성하는 가장 공신력 있는 기관은 WSTS^{World Semiconductor Trading Statistics}입니다. 세계 주요 반도체 제조 업체 60여 개사가 참여하고 있죠.

WSTS에서는 반도체 통계를 작성할 때 반도체 종류를 7가지로 정의하고 있습니다. 개별 반도체, 광학, 센서, 아날로그, 로직 IC, 마이크로프로세서, 그리고 메모리입니다. 이처럼 메모리 반도체는 분명한 실체가 있습니다. 비메모리는요? 반도체 분류 체계 어디에도 비메모리는 존재하지 않습니다.

시스템 반도체라는 말도 마찬가지입니다. 대부분의 사람들이 시스템 반도체를 비메모리 반도체와 같은 의미로 사용하는데요. 실체가 없긴 매한가지입니다. 반도체 전문가가 아닌 일반인들이라면 모를 수도 있습니다. 전문 용어나 세세한 분류를 모를 수도 있죠. 그렇지만 반도체 전문가라면 대중을 위해서라도 정확한 용어 선택을 해야겠습니다.

잘못된 용어 선택이 가져온 혼란

이런 궁금증이 듭니다. 대체 언제부터 비메모리 반도체란 용어가 자연스럽게 널리 사용된 것일까? 하는 의문이죠. 아마도 메모리란 단어만 들어 본 반도체 비전문가가 메모리를 제외한 나머지 반도체 전체를 가리키는 의미로 사용하지 않았을까 추측해 봅니다. 마치 대한민국 축구 국가대표 가운데 손흥민만 아는 외국인이 손흥민을 제외한 나머지 10명의 국가대표 이름은 모르니 몽땅 비*손흥민이라고 부르는 것과 마찬가지입니다. 곧장 이해가 가죠?

우리가 일반적으로 비非라는 용어를 사용할 때는 먼저 전체의 다수를 차지하는 메인 그룹이 존재하고, 여기에 속하지 않는 소수의 집단을 지칭할 때입니다. 반도체를 메모리와 비非메모리로 구분하는 것도 마찬가지입니다. 반도체의 대부분은 메모리이고, 일부 기타 반도체가 있다는 의미로 오해할 수 있지요. 꼭 바로잡아야 할 표현입니다.

2003년부터 2025년 전망치까지 23년 동안의 데이터를 분석해 보면 반도체 시장 전체에서 메모리가 차지하는 비중은 평균 23.6%입니다. 최저 17.5%(2023년)에서 최대 33.7%(2018년) 사이에서 움직입니다. 메모리 비중이 높은 편차를 보이는 이유는 가격 변동이 심하기 때문입니다. 실제 수요의 변화보다는 가격 효과라고 볼 수 있죠.

어찌 되었든 전체 반도체 시장의 76.4%에 해당하는 주류 시장에 대해서 우리가 비非메모리라는 표현을 사용하는 건 합당하지 않습니다. 단일 품목으로 보더라도 메모리가 반도체 시장의 가장 큰 시장은 아닙니다. 최근 데이터를 분석해 보니 로직 IC가 32.3%로, 26.7%의 메모리보다 훨씬 큽니다.

메모리에만 의존하지 말고 비메모리 경쟁력을 높이자는 의견에는 전적으로 공감하고 올바른 방향이라고 생각합니다. 그러나 구체적으로 어느 시장을 공략하자는 핵심 내용이 빠진다면 아무 행동도 할 수가 없습니다.

정확한 용어 사용으로 타깃을 명확히 하자

단순한 슬로건(구호)에 그치지 않고 기업들이 목표를 정하고 전략을 세우려면 타깃이 명확해야 합니다. 예를 들어 로직 IC 중 GPU 시장을 공략하든지, 마이크로프로세서 중에 AP 시장을 공략하든지, 자율 주행 자동차와 4차 산업혁명 시대를 대비해 아날로그 반도체에 집중하든지 등 명확한 타깃 제품이 있어야 시장과 경쟁자를 분석하고 무엇을 준비해야 할지 알 수 있습니다.

이와 같은 구체적인 타깃이 없이 비메모리 시장을 공략하자는 슬로건은 자동차 제조 업체가 이제부터는 승용차가 아닌 상용차商用車 시장을 공략하자는 주장과 비슷합니다. 그 상용차가 택시인지, 버스인지, 트럭인지, 트레일러인지 모르는 상태에서 어떻게 연구개발팀이 연구하고 마케팅 조직이 시장을 분석하겠습니까? 조금만 들여다보면 분명히 보입니다.

한국에는 정부, 연구 기관, 기업 등 많은 곳에 반도체 전문가가 있고 늘 비메모리를 강화하자고 하는데요. 현실은 몇 년이 지나도 제자리 걸음입니다. 여기에 이유가 있지 않을까요? 반도체 기업들이 다음 단계를 추진할 수 있는 구체적인 아이디어와 전략을 제시해 주어야 비로소 발걸음을 뗄 수 있습니다. 파운드리가 비메모리라는, 그리고 비메모리가 시스템 반도체라는 부정확한 정보와 지식의 전파가 현재 한국 반도체 산업의 어려움을 가중시키고 있습니다.

이야기가 나온 김에 시스템 반도체에 대해서도 간략하게 짚고 가겠습니다. 처음 시스템 반도체라는 표현을 사용한 사람이 어떤 의도로 사용했는지는 알 수 없기에 정확한 논거는 모르겠습니다. 상식적으로 생각해 보면 전체 시스템 운영에 관여하는 두뇌 역할의 반도체를 말하는 것 같습니다.

시스템 운영 기능을 지닌 반도체의 범위를 어디까지로 볼지 명확하지는 않으나 넓게 본다면 로직 IC와 마이크로프로세서 정도가 시스템 운영 기능을 지닌 반도체입니다. 광학과 센서 반도체는 우리 몸에 비유하면 눈, 코, 입과 같은 감각 기관입니다. 반면에 아날로그 반도체는 빛, 소리, 열 등 자연 현상을 디지털로 전환시켜 주는 역할을 합니다. 그리고 개별 반도체는 아주 단순한 독립된 기능을 지닌 반도체입니다. 따라서 다양한 기능을 수행하는 시스템의 두뇌 역할을 하는 것은 로직 IC와 마이크로프로세서밖에 없는 것 같습니다. 메모리는 그냥 메모리죠. 말 그대로 기억 장치입니다.

GPU가 장악한 인공지능 칩

엄격히 구분한다면 마이크로프로세서만이 진정한 의미의 시스템 반도체입니다. 로직 IC에 속하는 것들이 통신 칩과 그래픽 가속기GPU, Graphic Processing Unit 등인데요. 스마트폰 등 모바일 기기의 두뇌는 AP이고, 통신 칩은 하위 개념입니다. 그리고 컴퓨터에서 두뇌 역할을 하는 것은 CPU이고, GPU는 하위의 개념이죠.

로직 IC를 시스템 반도체로 분류한 이유는 최근 인공지능 컴퓨터가 CPU가 아닌 GPU를 기반으로 제작된 것이 많기 때문입니다. 로직 IC의 시장 비중이 높아진 것도 GPU 시장이 커졌기 때문인데요. 대표적으로 엔비디아의 AI 칩들은 GPU가 중요한 역할을 하지요. 물론 엔비디아의 호퍼^{Hopper} 칩이나 블랙웰^{Blackwell} 칩에 CPU도 함께 세팅됩니다. 엔비디아의 주력 제품인 H100, H200, B100 모두 GPU, CPU, HBM의 조합으로 이루어집니다. 그런데 주된 연산 기능을 GPU가 담당하는 구조이죠.

GPU가 초기 AI 시장을 장악할 수 있었던 큰 전환점이 구글 딥마인드의 알파고와 이세돌 9단의 바둑 대국이었다고 생각합니다. 그 전까지 인공지능 칩은 당연히 CPU가 주축이라고 생각했는데, 바둑과 같이 수많은 경우의 수를 빠르게 계산하는 데는 정교한 연산 방식의 CPU보다는 인해전술 방식의 GPU가 더 유리하다는 사실이 이 대국을 계기로 밝혀진 것이죠.

아직까지 AI를 통해 학습, 추론하는 난이도와 수준이 그렇게 높지 않기 때문에 상대적으로 기능이 단순한 대량의 칩으로 데이터센터를 구축하는 편이 보다 효율적입니다. 전투로 비유하자면 현재 AI 활용 수준은 1명의 특급 저격수가 필요한 미션이 아니라 기본 훈련을 마친 일반 보병 1,000명이 필요한 미션이라는 의미입니다.

앞으로 AI가 수행하는 미션이 고도화되어 단순한 데이터 검색 및 조합 수준이 아니라 미래를 예측하거나 물리학적 법칙을 제시해야 하는 수준이 된다면 어떻게 될지 모르겠습니다. 가령 방에 가득 찬 고무공의 개수를 세는 것이라면 1명의 천재보다는 100명의 일반인이 훨씬 빠르게 수행할 수 있습니다. 그런데 달에 무사히 도착할 수 있는 우주선의 고도, 각도, 속도, 출력 등을 계산하는 것이라면 고도로 훈련된 1명의 천재가 필요하겠지요. 100명의 초등학생이 모여 토론한다고 해결할 수 있는 문제가 아니니까요.

미래 인공지능 칩의 승자

현재 인공지능 칩은 세 가지 갈래로 연구되고 있습니다. 우선 초기 시장에서 두각을 나타내고 있는 GPU를 기반으로 연구하는 그룹이 있고요. CPU 혹은 NPU^{Neuromorphic Processing Unit}(신경망 반도체)를 기반으로 연구하는 그룹이 있습니다.

당장은 GPU의 압승입니다. 한데 앞으로 AI 수준이 높아졌을 때에도 여전히 GPU가 우세할지 아니면 CPU나 NPU 진영이 반전을 이룰 수 있을지 궁금합니다. 2024년 애플은 자사의 인공지능 시스템인 애플 인텔리전스^{Apple Intelligence}가 구글이 설계한 클라우드 칩을 기반으로 사전 훈련됐다고 발표했습니다. 애플이 엔비디아 GPU가 아닌 구글의 TPU^{Tensor Processor Unit}를 선택함으로써 향후 인공지능 시장의 변화 가능성을 보여 주었죠. 참고로

TPU는 NPU의 일종입니다.

　한편, 인텔에서 2024년 10월에 출시한 코어 울트라 200S 시리즈 프로세서는 CPU, GPU, NPU가 모두 탑재되어 AI 기능을 제공하고 있습니다. 각각의 장점을 취합해 최적의 AI 성능을 내려는 시도로 보입니다.

4차 산업혁명 시대에 유망한 반도체

WTST에서 정의 및 분류한 7종의 반도체 가운데 광학Opto, 센서/액추에이터Sensor/Actuator, 개별Discrete 반도체를 묶어 'OSD 시장'이라는 표현을 사용하기도 합니다. OSD 시장은 일본 기업들이 강세입니다. 일본의 소니와 샤프가 각각 1, 2위를 차지하고 있습니다. 그런데 DRAM이나 NAND와는 달리 1위 기업의 시장점유율이 10% 미만으로 그리 높지 않습니다. Top 10 점유율 합계가 40%밖에 되지 않으니 아직 기회의 땅이라고 할 수 있죠. Top 10 가운데 일본 기업이 3개, 미국 기업이 2개, 유럽 기업이 3개, 그리고 한국과 중국이 각각 1개씩 이름을 올리고 있습니다.

　외국 기업들이 광학, 센서/액추에이터, 개별 등 3개 영역 가운데 대부분 2~3개 영역에 진출해 있는 데 비해 한국의 삼성전자는 광학 한 분야에만 진출해 있다는 점이 다소 아쉽습니다. 그리고 삼성전자가 진출한 광학 분야는 소니가 50%가량을 장악하고 있고요.

아날로그 반도체 시장 역시 아직은 독과점이 그렇게 심하지 않지만 미국 기업들이 완전히 장악한 상태입니다. Top 10 기업의 합산 점유율이 70% 수준에 불과하고, 1위인 TI의 점유율이 19% 정도인데요. Top 10 가운데 7개가 미국 기업입니다. 나머지 3개는 유럽 기업이고요. 일본의 르네사스가 11위로 겨우 체면치레를 하고 있습니다. 앞서 4차 산업혁명 시대가 본격화되면 많은 수요가 예상되는 분야가 광학, 센서, 아날로그 반도체라고 했는데요. 그에 비해 한국 기업들의 참여는 아직 상당히 저조한 상황입니다.

소위 비메모리 반도체는 종류가 너무 다양해『반도체 패권전쟁』에서 일일이 열거하고 분석하지는 않겠습니다. 핵심만 간추리면 마이크로프로세서 가운데 모바일 프로세서인 AP의 경우 미국의 퀄컴과 대만의 미디어텍이 선두 그룹입니다. 자동차용 반도체의 경우 인피니언, NXP 등 유럽 기업들이 강세를 보이고 있습니다.

이제 비메모리 반도체 시장의 실체를 조금은 알았으니 한국의 반도체 경쟁력을 위해 노심초사하는 전문가 그룹들이 보다 구체적인 방향과 실행 전략을 제시해 주었으면 하는 기대가 있습니다. 특히 최근 5년간 연평균 성장률이 가장 높은 로직 IC(11%)와 아날로그(7%) 반도체 분야에 대한 많은 관심과 조언을 해 주길 바랍니다.

[표 39] 반도체 종류별 시장 비중(2024년)

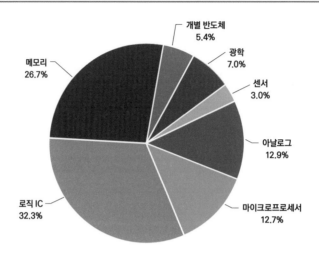

출처 : 이주완

[표 40] 반도체 종류별 연평균 성장률

종류	연평균 성장률(%, 2019~2024년)
개별 반도체	6.7
광학	1.1
센서	3.7
아날로그	7.0
마이크로프로세서	2.2
로직 IC	11.0
메모리	6.7

출처 : 이주완

 출처 : 한국무역협회

[표 41] 반도체 분류와 용도

반도체	메모리	휘발성	DRAM		PC, 노트북, 서버, 워크스테이션
			SRAM		디지털카메라, 캐시 메모리
		비휘발성	플래시	NAND	메모리카드, 디지털카메라, 휴대폰, SSD
				NOR	휴대폰, 통신장비, PDA
			FeRAM		아직 개발 단계로 향후 플래시 메모리와 경쟁 관계 형성 예정
			MRAM		
			PRAM		
	비메모리		마이크로프로세서, 개별 반도체, 아날로그 IC, 옵티컬, 센서, 로직 IC		

출처 : 이주완

[표 42] 메모리, 비메모리 비중

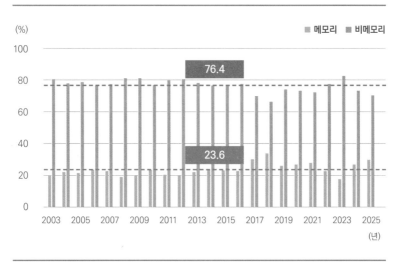

출처 : WSTS, 이주완

[표 43] OSD 반도체 주요 기업

기업	국적	옵토	센서/액추에이터	개별 반도체
소니	일본	●	●	
샤프	일본	●	●	●
인피니언	유럽		●	●
온세미컨덕터	미국	●	●	●
ST	유럽	●	●	●
삼성전자	한국	●		
니치아	일본	●		
오스람	유럽	●		
브로드컴	미국	●	●	●
옴니비전	중국	●		

출처 : IC 인사이트(IC Insights)

[표 44] 아날로그 반도체 시장점유율(2021년)

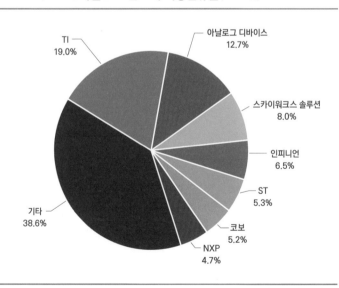

출처 : IC 인사이트, 이주완

변동성과 항상성의 비밀

한국 반도체 산업의 발전을 위해 메모리 비중은 낮추고 비메모리 비중은 높여야 하는 이유는 무엇일까요? 단순히 비메모리 시장의 규모가 메모리 시장의 3배이기 때문이 아닙니다. 물론 시장 규모도 중요하지만 더 커다란 이유가 있습니다. 개별 기업의 입장에서 보면 메모리 산업은 변동성이 너무 크다는 리스크가 있습니다. 1장 '치킨게임, 패권전쟁의 또 다른 이름'에서 메모리 산업의 치킨게임과 구조조정 과정에 대해 자세히 살펴보았는데요. 비메모리 분야에서는 왜 치킨게임을 언급하지 않았을까요? 우리나라 기업들이 주로 메모리 분야에 집중하기 때문일까요? 아닙니다. 구조조정이 주로 메모리 분야에서 발생해서입니다.

DRAM 치킨게임에서 탈락한 반도체 기업들 중 일부를 다시 한번 보겠습니다. IBM, TI, 인피니언, 모토로라, NEC, 히타치, 미쓰비시. 이 기업들은 과연 반도체 사업에서 완전히 손을 뗐을까요?

DRAM 치킨게임과 비메모리 기업들

IBM은 2024년 8월 미국 스탠퍼드 대학교에서 열린 반도체 학회 '핫 칩스Hot Chips 2024'에서 AI 프로세서 '텔럼Telum II'와 AI 가속기 '스파이어 액셀러레이터Spyre Accelerator' 아키텍처를 발표했습니다. IBM이 설계하고 삼성전자 파운드리가 제조한 제품이니 IBM은 팹리스로 변신한 셈이죠.

인피니언과 TI는 현재 차량용 반도체 시장 1, 2위를 다투고 있습니다. 그리고 모토로라에서 분사된 온세미컨덕터ON Semiconductor는 차량용 반도체 시장 Top 7, 전력 반도체 시장 Top 3를 차지하고 있습니다. NEC, 히타치, 미쓰비시 3사의 비메모리 분야 합작사인 르네사스는 차량용 반도체 시장 3위, 전력 반도체 시장 Top 7에 올라와 있습니다.

1995년에 존재했던 DRAM 기업 가운데 오늘날 여러 번의 치킨게임에서 승리한 삼성전자, SK하이닉스, 마이크론 3사만 생존해 과점을 형성하고 있습니다. 하지만 치킨게임에서 패배하여 탈락한 나머지 기업 대부분도 여전히 비메모리 반도체 사업을 하고 있다는 말인데요. 반도체 시장을 떠난 것이 아니라 경쟁이 너무 치열하고 사이클 변동성이 큰 메모리 사업을 미련 없이 떠난 것일 뿐입니다. 즉, 비메모리 분야는 메모리와 같은 대규모 구조조정이 별로 없었다는 이야기가 되고요. 이는 앞으로 이어지는 반도체 산업의 변동성과 밀접한 관계가 있습니다.

비메모리 반도체라는 것은 공식적인 통계가 집계되는 실체가 있는 시장이 아닙니다. 그래서 분석을 위해 개별, 광학, 센서, 아날로그, 마이크로프로세서, 로직 IC 등 6개 분야의 통계를 합산하여 임의로 비메모리라는 분야를 만들었습니다.

반도체 산업의 변동성

2008년부터 17년 동안 꾸준히 데이터를 수집했지만 오래전 데이터는 구할 수가 없어 WSTS에서 공식적으로 제공한 반도체 제품별 시장 데이터는 2003년이 가장 오래된 값입니다. 그리고 필자는 아직 확정치는 아니지만 2025년 전망치까지 포함시켜 분석했습니다. 총 23개 연도의 데이터를 활용했기 때문에 전년 대비 성장률 등과 같은 성장성, 혹은 변동성 지표는 총 22개입니다. 지난 23년 동안 메모리와 비메모리의 연도별 성장률은 [표 45]와 같은데요. 얼핏 보기에도 두 시장의 변동성에는 큰 차이가 있습니다.

메모리 시장의 경우 시장 성장률이 -30%에서 80%까지 매

[표 45] 메모리, 비메모리 시장 성장률

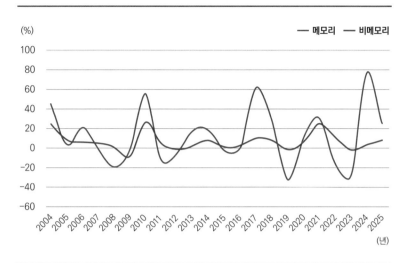

출처 : WSTS, 이주완

우 큰 편차를 보입니다. 그리고 전반적으로 마이너스 성장을 기록한 해가 상대적으로 많음을 확인할 수 있죠. 반면에 비메모리 시장의 경우 -10%에서 25% 정도의 범위에서 움직이는데 대부분 플러스(+) 권에 있습니다. 정확한 수치로 보면 메모리 시장의 성장률은 최저 -32.4%, 최고 76.8%이고 비메모리 시장은 최저 -8.9%, 최고 26%를 기록했습니다. 같은 기간 반도체 시장 전체 성장률은 최저 -12.1%, 최고 28.1%였습니다.

그리고 전년 대비 마이너스 성장을 기록한 횟수는 메모리의 경우 10회, 비메모리는 4회, 반도체 시장 전체는 6회입니다. 이

것을 비율로 환산하면 메모리 시장은 마이너스 성장을 할 확률이 45.5%나 된다는 얘기지요. 그러나 비메모리 시장이 마이너스 성장을 할 확률은 18.2%에 불과합니다. 반도체 전체는 27.3%이고요.

이 수치들을 보니 왜 유독 메모리 시장에서 치킨게임이 많이 일어났고, 중도 하차한 기업이 많은지 확실히 이해가 가죠. 반도체는 대표적인 성장 산업인데 메모리 시장은 마이너스 성장 가능성이 45.5%나 될 정도로 리스크가 큽니다. 이처럼 호황기와 불황기의 온도 차이가 큰 것은 기업 입장에서 결코 바람직하지 않습니다. 무엇보다 경영 전략 수립이 매우 어렵거든요. 변동성과 리스크가 크더라도 매우 큰 성장성이 보장된다면 기꺼이 위험을 감수할 수도 있습니다. 그런데 지난 23년 동안 반도체 종류별 연평균 성장률을 계산해 보면 높은 리스크에 비해 성장성이 그다지 높은 것 같지도 않습니다.

메모리의 연평균 성장률이 8.7%로 가장 높긴 하지만 로직 IC의 8.4%나 아날로그 반도체의 8.0%, 그리고 광학의 7.2%와 비교할 때 크게 매력적인 수준은 아닙니다. 만약 사람들에게 선택권을 준다면 대부분 성장률이 1%p 낮더라도 리스크가 훨씬 적은 종목을 택할 것입니다.

반도체 시장의 변동성을 보다 객관적으로 비교하기 위해 필자가 계량화 지수를 만들어 봤습니다. 아주 간단한 방식인데요. 각 연도의 시장 성장률에 절대값을 취하고 분석 기간 동안의 평균값을 구하는 방식입니다. 플러스 성장, 마이너스 성장 구분하지 않고 변동성에만 초점을 맞추었죠.

비메모리보다 3배 큰 메모리의 변동성

필자는 이것을 변동성 지수라고 부릅니다. 어떤 산업의 변동성이 큰지 아니면 항상성이 큰지를 판단하는 데 유용합니다. 2003년 이후 메모리 시장의 변동성 지수는 23.4%이고 비메모리는 7.7%입니다. 그리고 반도체 시장 전체는 10.5%입니다. 메모리의 변동성이 비메모리의 3배나 된다는 결론을 얻게 되는데요.

반도체는 성장성이 높은 산업이면서도 변동성이 큰 편이 아닙니다. 투자자 혹은 기업의 입장에서 볼 때 매우 매력적인 산업임에 틀림없죠. 그런데 메모리 반도체에 한정시켜 본다면 고위험 고수익 분야입니다. 객관적인 지표로 봐도 변동성과 마이너스 성장 확률이 너무 높습니다. 한국 기업들이 메모리 비중을 낮추고 비메모리 비중을 높여야 하는 이유가 시장 규모만의 문제가 아니라는 말이 이제 이해되지요?

한 국가 경제의 20% 이상을 책임지는 산업의 변동성이 이 정도로 크다면 국가 전체가 위태로울 수 있습니다. 변동성이 크더라도 플러스 영역에서 형성된다면 문제가 없습니다. 아주 빠르게 성장하는 산업이라는 뜻이니까요. 그런데 플러스 성장 54.5%, 마이너스 성장 45.5%의 확률을 갖고 변동성이 크다면 분명히 문제가 됩니다. 투자자 관점에서 본다면 시장 규모는 크고 연평균 성장률은 높으면서 변동성이 낮은 것이 가장 이상적입니다. 그리고 반도체 시장에서 그러한 조건에 가장 잘 부합하는 것은 로직 IC 입니다.

성장률은 높고 변동성은 낮은 로직 IC

로직 IC는 통신communication, 자동차automotive, 가전consumer electronics, 산업industrial, 건강 관리healthcare 분야에서 주로 사용됩니다. 로직 IC의 시장 비중은 32.3%로, 규모가 가장 큽니다. 또 연평균 성장률은 8.4%인데요. 반도체 분야 중 두 번째로 높으며 변동성은 반도체 시장 평균인 10.3%입니다. 그리고 마이너스 성장을 할 확률은 13.6%로 가장 낮지요.

마이크로프로세서는 시장 규모(12.7%)도 나쁘지 않고 변동성(6.4%)도 가장 낮다는 장점이 있지만 성장률(2.9%)이 너무 낮고 마이너스 성장 확률(45.5%)은 너무 높습니다.

아날로그 반도체 역시 시장 규모(12.9%)도 적절하고 변동성(9.5%)도 낮은데 성장률(5.4%)이 낮고 마이너스 성장 확률(31.8%)이 높은 것이 단점입니다.

그리고 개별 반도체, 광학, 센서 등은 4차 산업혁명 시대의 수혜 업종이긴 한데요. 메모리의 대체자가 되기에는 시장 규모가 작다는 것이 약점입니다. 이들 분야의 시장 비중은 개별 반도체

(5.4%), 광학(7.0%), 센서(3.0%) 등입니다. 하지만 광학(7.2%)과 센서(8.0%)는 높은 성장세를 유지하고 있어 확실히 미래 유망 분야이긴 합니다. 변동성도 광학(9.3%), 센서(11.8%) 모두 높지 않은 편입니다.

만약에 국가 차원에서 반도체 포트폴리오를 조정한다면 메모리 비중을 40% 미만으로 낮추고 로직 IC 비중은 최소 30% 이상, 그리고 광학 및 센서 비중 20%, 아날로그 비중 10% 정도로 가져가면 좋을 것 같습니다.

[표 46] 한국 반도체 포트폴리오 제안

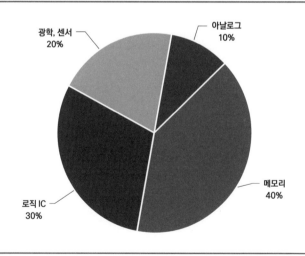

출처 : 이주완

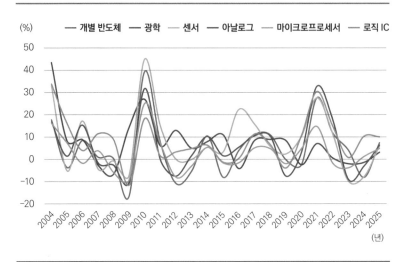

[표 47] 비메모리 6종 시장 성장률

(%) — 개별 반도체 — 광학 — 센서 — 아날로그 — 마이크로프로세서 — 로직 IC

출처 : WSTS, 이주완

[표 48] 반도체 종류별 마이너스 성장 비율(2003~2025년)

종류	데이터 수	양(+)의 성장	음(-)의 성장	음(-)의 비율(%)
개별 반도체	22	16	6	27.3
광학	22	16	6	27.3
센서	22	17	5	22.7
아날로그	22	15	7	31.8
마이크로프로세서	22	12	10	45.5
로직 IC	22	19	3	13.6
메모리	22	12	10	45.5
비메모리	22	18	4	18.2
반도체 전체	22	16	6	27.3

출처 : WSTS, 이주완

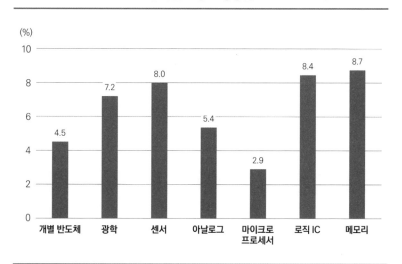

[표 49] 반도체 종류별 연평균 성장률(2003~2025년)

출처 : WSTS, 이주완

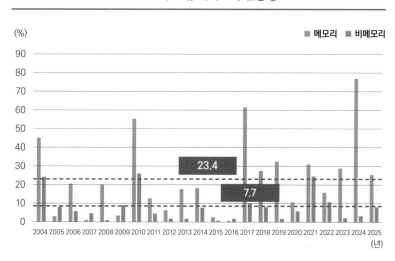

[표 50] 메모리, 비메모리 변동성

출처 : WSTS, 이주완

02 | 변동성과 항상성의 비밀

[표 51] 반도체 종류별 변동성 지수(2003~2025년)

종류	시장 비중(%)	연평균 성장률(%)	변동성 지수(%)
개별 반도체	5.4	4.5	10.0
광학	7.0	7.2	9.3
센서	3.0	8.0	11.8
아날로그	12.9	5.4	9.5
마이크로프로세서	12.7	2.9	6.4
로직 IC	32.3	8.4	10.3
메모리	26.7	8.7	23.4
비메모리	76.4	6.0	7.7

출처 : WSTS, 이주완

메모리 산업의 종말이 다가온다

사람이나 동물이 태어나서 성장하고 노쇠해 가는 성장 곡선을 따라가듯이 제품이나 산업에도 생애 주기가 있습니다. 산업의 생애 주기를 구분하는 데는 몇 가지 기준이 있는데요. 그 가운데 변곡점을 기준으로 하면 시장의 태동기, 1차 성장기, 2차 성장기, 둔화기, 쇠퇴기 등의 5단계로 구분할 수 있습니다.

산업의 5단계 생애 주기

시장의 태동기는 제품은 출시되었으나 본격적인 수요가 형성되지 않아 시간이 지나도 시장 규모가 빠르게 성장하지 못하는 구간입니다. 태동기를 지나면 첫 번째 변곡점을 만납니다. 일반적으로 '테이크-오프take-off'라고 하는 매출 이륙 시점이지요. 성장 곡선이 비로소 바닥에서 벗어나기 때문에 비행기의 이륙에 빗대어 표현합니다.

첫 번째 변곡점을 지나면 시장이 본격적으로 성장하는 1차 성장기 구간에 들어섭니다. 이때 가장 높은 성장세를 보입니다. 해마다 시장 성장률이 전년도보다 높아지는 지수 함수적인 성장을 하는 구간이지요. 그래서 이 구간에서 가장 많은 기업이 시장 참여자로 뛰어듭니다. 시장의 성장 속도가 빠르기 때문에 신규 참여자라고 할지라도 생존하기 좋은 환경입니다.

빠르게 성장하는 1차 성장기를 지나면 두 번째 변곡점을 만나게 됩니다. 이 변곡점을 지나고 나서도 시장은 여전히 성장하지만 성장 속도에는 변화가 생깁니다. 이전까지는 매년 성장률이 전년보다 높아지는 지수 함수적 성장이었지만, 이제는 로그 함수적으로 성장하게 되어 시간이 지날수록 성장률이 점차 낮아집니다. 이 구간을 2차 성장기라고 합니다.

일반적으로는 1차 성장기와 2차 성장기를 구분하지 않거나, 2차 성장기를 둔화기와 묶어 하나로 보기도 합니다. 사실 실물 경제에서는 각 변곡점의 위치를 정확히 찾아내기도 어렵고 수십 년에 걸쳐 특정 산업의 데이터를 추적 모니터링하는 경우도 드뭅니다. 이런 이유로 아주 세분화하지 않는 듯합니다.

그렇지만 반도체, 특히 메모리 시장을 정밀하게 분석하기 위해서는 성장 속도의 미세한 변화를 감지해야만 합니다. 이를 통해 메모리 시장의 미래를 예측하고 또 준비할 수 있거든요. 무엇보다 『반도체 패권전쟁』은 그러한 목적에서 발간되었습니다.

로그 함수적인 성장을 보이는 2차 성장기를 지나면 세 번째 변곡점을 만납니다. 이 세 번째 변곡점이 '메모리 산업의 종말이 다가온다'에서 필자가 말하고자 하는 핵심입니다. 시장은 여전히 성장하지만 성장률이 제로(0)에 수렴해 가는 구간이지요. 이 구간을 둔화기라고 할 수 있습니다.

둔화기에 진입한 산업을 다른 말로 '성숙 산업'이라고 부르기도 합니다. 시장 규모가 포화saturation 상태에 이르렀기 때문에 이제는 성장 산업이 아니라는 의미지요. 이 구간에 진입하면 기업들은 제로섬Zero Sum 게임을 시작합니다. 더 이상 시장의 파이가 커지지 않으니 매출이 증가하려면 경쟁사의 물량을 빼앗아 오는 방법밖에 없기 때문이죠.

둔화기를 지나면 네 번째 변곡점이 나타납니다. 이 변곡점을 지나는 순간 시장은 성장을 멈추고 오히려 축소합니다. 일명 쇠퇴기에 진입한 것이죠. 이 구간에 이르면 많은 기업이 자연스레 출구 전략을 고민합니다. 일부 경쟁력이 있는 기업들은 독과점이 강화될 테고, 적자 기업들은 사업 매각을 추진하게 됩니다. 현재 LCD 산업이 그러한 구간에 있습니다. 그리고 휴대폰 사업도 가까운 장래에 비슷한 운명에 처할 듯해 보입니다.

세상에 LCD TV가 선보인 시점이 대략 2002년이고 스마트폰이 등장한 시점을 2008년이라고 하면, 둘 사이에는 약 6년의 시차가 있습니다. 한국 LCD 패널 사업자 가운데 삼성디스플레이는 이미 2020년에 LCD 철수 선언을 했고 LG디스플레이는 현재 중국 LCD 공장 매각을 협상 중이죠. 아마도 BOE, CSOT, TCL 가운데 인수자가 결정될 것으로 추측합니다.

최후 승자가 누가 될지는 아직 모르겠습니다. 그러나 2030년 경에는 상당수 휴대폰 제조 업체가 사업 포기를 결정할 듯합니다. 그리고 13억 명의 내수를 가진 중국 기업들은 존속할 가능성이 높습니다. 중국 소비자들은 필요에 따라 언제든 애국 소비를 택하거든요. 결국 인도 시장을 장악하는 기업이 살아남겠죠.

메모리 반도체 산업의 생애 주기 위치

이제 우리의 관심사인 메모리 시장을 살펴보겠습니다. 과연 메모리 시장은 앞서 설명한 5단계 생애 주기 가운데 어느 구간에 위치해 있을까요? 지금 몇 번째 변곡점을 지나고 있을까요?

가장 먼저 메모리 제품의 시장 성장률이 현재 어떤 상태에 있는지 확인해 봐야겠습니다. 메모리는 비메모리에 비해 가격 변동이 커 변동성 지수가 높고, 마이너스 성장할 확률도 높다고 설명했습니다. 그렇기에 금액 기준으로 성장률을 이야기하기는 어렵습니다. 이런 이유로 메모리 수요를 평가할 때는 금액이 아닌 용량을 기준으로 삼습니다. DRAM이나 NAND 모두 용량 단위는

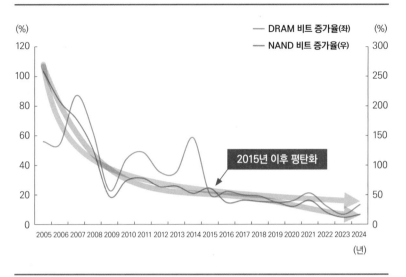

[표 52] DRAM, NAND 비트 증가율

- DRAM 비트 증가율(좌)
- NAND 비트 증가율(우)

2015년 이후 평탄화

출처 : 가트너, IDC, 트렌드포스, IC 인사이트

같습니다. 단일 칩 기준으로는 비트^{bit}를 사용하고, 모듈 혹은 제품 기준으로는 바이트^{byte}를 사용합니다. 1바이트는 8비트로 구성되고요.

[표 52]는 DRAM과 NAND의 비트 그로스^{bit growth}(비트 증가율)를 보여 줍니다. Y축이 의미하는 바는 전년 대비 수요(메모리용량, byte) 증가율입니다. 가는 실선은 실제 비트 증가율 데이터입니다. 그리고 굵은 선은 컴퓨터가 자동 계산한 장기 추세선입니다.

여러 원인으로 연^{year} 단위 데이터는 변동이 심할 수밖에 없어 장기 추세선으로 분석하기를 추천합니다. 장기 추세선을 보면 DRAM, NAND 모두 영문 알파벳 L자 형태를 따라가고 있습니다. 급격한 하락기를 거쳐 지금은 수평선에 가까운 완만한 하락기에 와 있죠. 성장률이 서서히 낮아지고 있다는 건데요. 비트 증가율(수요 증가율)이 낮아지는 게 수요 감소를 의미하지는 않습니다. 메모리 수요는 여전히 증가하고 있습니다. 2015년 이후 DRAM의 평균 수요 증가율은 16.3%, NAND의 평균 수요 증가율은 32.5%입니다. 시장 규모 1,600억 달러(메모리 기준)가 넘는 산업 가운데 이 정도 성장률을 기록하는 산업은 흔치 않습니다.

대부분의 산업은 반도체 정도의 규모가 되기 전에 이미 쇠퇴기에 진입합니다. 반도체 시장의 성장세가 오래 지속되는 건 끊임없이 새로운 수요가 발생하기 때문이죠. 다만, 시장 규모가 빠르게 커졌기에 모수(분모)가 커져서 증가율은 낮아질 수밖에 없습니다([표 53]).

2015년 전후로 메모리 수요 성장률은 급격히 낮아진 상태입니다. 따라서 기업들의 설비 투자 규모를 적정한 수준으로 제한해야 심한 불황을 피할 수 있습니다. 아무리 과점 체제가 완성되었다고 해도 공급 과잉의 위험은 항상 존재하는 법이거든요. 특히 중국은 적자가 나더라도 생산 능력을 확대하는 전략을 취하고 있어 더욱 그렇습니다.

[표 53] **비트 증가율이 낮아지는 이유**

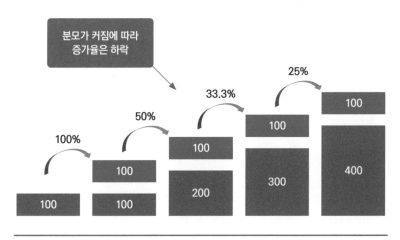

분모가 커짐에 따라
증가율은 하락

25%

33.3%

50%

100%

100

100

100

200

100

300

100

400

출처 : 이주완

기존 수요 감소를 넘어서는 새로운 수요

바로 앞에서 반도체는 새로운 수요가 끊임없이 발생하고 있어 성
장세가 오래 지속된다고 했는데 왜 두 번째 변곡점에 대한 우려
가 있는 건지 의구심이 들지 않나요? 두 번째 변곡점이란 성장
곡선이 지수 함수적 증가 구간을 지나 로그 함수적으로 바뀌는
지점입니다. 그 이유는 새로운 수요가 발생하는 것과는 반대로
기존 수요는 감소하기 때문입니다. 기존 수요가 초기의 높은 성
장률을 유지하는 동시에 새로운 수요가 발생한다면 반도체 시장
은 영원히 지수 함수적 성장을 할 수 있겠지요. 하지만 현실은 그
렇지 않습니다. 역으로 끊임없이 새로운 수요가 발생하기 때문에

기존 수요가 정체 내지는 축소되는 와중에도 여전히 두 자릿수 성장이 가능합니다. 이러한 현상을 도식화한 것이 [표 54]입니다.

메모리 반도체 성장을 이끌었던 첫 번째 수요는 PC입니다. 이것을 메모리 수요의 1차 파동wave이라고 하겠습니다. 그리고 PC 시장이 세 번째 변곡점에 도달할 때쯤 스마트폰이 등장했습니다. 이른바 메모리 수요의 2차 파동이 발생한 것이죠. PC에만 의존했으면 DRAM, NAND 수요가 급격히 둔화될 시점에 새로운 수요가 발생하며 여전히 높은 성장률을 유지할 수 있었습니다. 스마트폰이 등장한 시기에 전 세계 PC 출하량이 이미 세 번째 변곡점을 지나 둔화기에 접어들었고, 몇 년 후에 바로 쇠퇴기에 진입했다는 것을 [표 55]를 통해 확인할 수 있습니다.

[표 54] 메모리 반도체 수요 파동

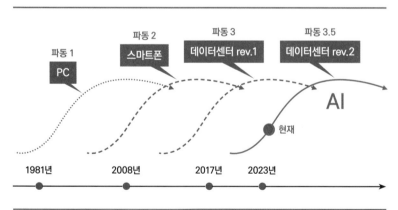

출처 : 이주완

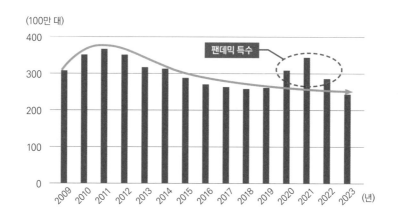

[표 55] 전 세계 PC 출하량

(100만 대)

팬데믹 특수

(년)

출처 : 스태티스타(Statista)

스마트폰의 성장이 둔화되기 시작할 무렵 기업의 데이터센터 수요가 폭발적으로 나타났습니다. 이전에도 데이터센터가 존재했지만 2017년을 전후로 메모리 수요를 견인할 정도의 높은 영향력이 생긴 것이지요. 그래서 데이터센터를 3차 파동이라고 할 수 있습니다. 데이터센터의 뒤를 이을 수요 파동은 누구나 예상하듯이 AI입니다. 그런데 [표 54]를 보면 AI는 4차 파동이 아니라 3.5차 파동이라고 표기되어 있습니다.

PC, 스마트폰, 데이터센터는 기존의 수요와 상관없이 발생한 새로운 수요였습니다. 서로 대체 관계가 아니란 의미입니다. 그러나 AI는 일정 부분 기존 수요를 잠식하는 효과가 나타납니다. 왜냐하면 빅테크 기업들은 일반 데이터센터 대신 AI 데이터센터를 구축하는 것이기 때문입니다. 기존 수요와 상관없이 발생하는 수요라면 4차 파동이나, 기존 수요를 감소시키며 발생하는 수요라 3.5차 파동이 됩니다. 엄밀한 의미에서 데이터센터의 업그레이드 버전(rev.2)인 셈이지요. 다시 말하면 아직 데이터센터의 뒤를 이을 새로운 수요는 등장하지 않았습니다.

10년 내 둔화기를 앞둔 DRAM과 NAND

새로운 수요가 발생한 덕에 아직도 DRAM과 NAND 시장이 두 자릿수 성장을 이어 가고 있는 실정입니다. 그렇지만 성장률이 낮아지는 자체를 막을 수는 없습니다. 성장 곡선은 계속 진행되고 있기 때문이죠. 다시 처음으로 돌아가서 그럼 DRAM과 NAND는 성장 곡선 가운데 어디까지 왔을까요?

성장 곡선을 확인하려면 앞서 살펴본 성장률(비트 그로스)이 아닌 수요의 절댓값을 이용해야 합니다. 즉, 증가율(%)이 아니라 용량(byte) 단위의 그래프를 그려야 하죠. DRAM이나 NAND 시장은 이미 매우 커져 있기에 해마다 증가하는 용량이 천문학적 규모입니다.

[표 56]의 Y축 단위를 보면 페타바이트^{petabyte}라고 되어 있습니다. 바이트에 대해서는 이미 설명했습니다. 'peta'라는 접두사는 과학과 수학에서 사용하는 단위로 10의 15제곱을 의미합니다. 축에서 우리가 읽을 수 있는 숫자 뒤에 아라비아 숫자 '0'을

15개 더 붙여야 하는데요. NAND의 경우 숫자가 이미 130만을 넘어섰는데, 여기에 다시 15개의 0을 붙이면 어떻게 읽어야 할지 감도 잡히지 않습니다.

어쨌든 [표 56]의 성장 곡선을 보면 DRAM, NAND 모두 첫 번째, 두 번째 변곡점을 지나 2차 성장기에 진입했음을 확인할 수 있습니다. 그리고 정확한 연도를 계산하기는 어렵지만 DRAM 이 처음 개발된 시점을 기준으로 X축을 추산해 보면 10년 이내 에 세 번째 변곡점에 도달하게 됩니다. 본격적인 둔화기를 목전 에 두고 있다는 얘기지요.

[표 56] **DRAM, NAND 성장 곡선**

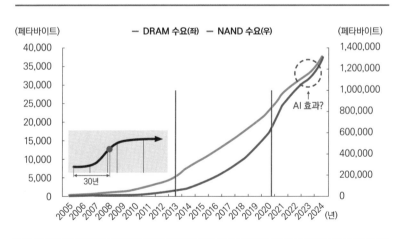

출처 : 가트너, IDC, 트렌드포스, IC 인사이트, 이주완

둔화기의 변수는 AI 수요

도표를 관찰하다 보면 재미있는 현상을 발견할 수 있습니다. 2020년 전후로 성장 곡선이 지수에서 로그 함수로 전환된 것이 분명하게 확인되는데요. 2024년 데이터를 보면 로그 함수 추세선에서 벗어나 높은 성장을 보인 것입니다. 이것은 AI의 효과일 것입니다. 엔비디아 AI 칩이 폭발적인 성장을 하면서 연쇄적으로 HBM(DRAM)과 e-SSD(NAND) 수요를 증폭시키고 있는 것이죠. 성장 곡선을 변화시킬 정도의 강력한 영향력입니다.

데이터센터의 3차 파동 이후 이를 대체할 4차 파동이 등장하지 않은 상황에서 중간 다리 역할을 하는 3.5차 파동이 형성된 것이 성장 곡선에 변화를 주었다고 생각합니다. 그 결과 10년이내에 세 번째 변곡점에 도달하리라는 예측을 지연시킬 하나의 변수가 발생했다고 보고 있습니다.

AI 수요가 2025년까지는 높은 성장을 이어 나갈 것으로 예상하지만 2026년 이후는 장담할 수 없습니다. 빅테크 기업들의 데이터센터 교체 수요가 일단락되면 시장이 급격히 둔화될 가능성도 배제할 수 없습니다. 2025년까지는 기존 데이터센터를 AI 데이터센터로 전환하는 과정입니다. 따라서 매출이나 수익이 발생하지 않더라도 투자를 집행할 것입니다. 데이터센터 전환 비율이 약 50%에 도달하면 수익 모델이 있어야만 추가 투자를 결정할 것이기 때문입니다.

[표 57] **전형적인 지수, 로그 함수 그래프**

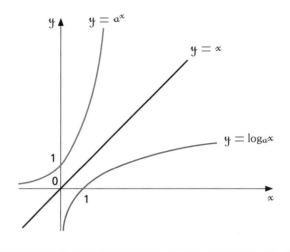

출처 : 이주완

결국, AI를 활용한 새로운 유료 서비스나 비즈니스 모델이 등장해야 AI 관련 메모리 시장의 높은 성장세가 지속될 수 있다는 말입니다. 현재로서는 확률을 반반으로 보고 있습니다. 2026년 상반기 정도가 되면 결과를 알 수 있겠지요. 메모리 성장 곡선의 둔화기 도달 시점이 10년 이내가 될지 이후가 될지 일단 지켜보도록 하겠습니다.

올인원 칩이 필요해

과거 무어의 법칙Moore's Law이라는 개념이 있었습니다. 인텔의 공동 창업자인 고든 무어Gorden Moore가 1965년 한 논문에서 제시한 내용인데요. 24개월마다 반도체의 트랜지스터transistor 집적도가 2배씩 증가한다는 이론입니다. 원래 논문에는 12개월마다 집적도가 2배 증가한다고 되어 있었으나, 현실을 반영해 1975년 24개월로 수정되었지요.

반도체의 트랜지스터 집적도가 2배가 된다는 것은 메모리에서는 용량이 2배가 됨을 의미합니다. CPU와 같은 마이크로프로세서에서는 연산 속도가 2배 빨라지는 것을 의미합니다. 결론적으로 반도체의 성능이 2배가 된다는 의미로 이해하면 되겠습니다. 트랜지스터 집적도가 2배가 되려면 하나의 칩에 들어가는 셀cell의 개수가 2배가 되어야 합니다. DRAM이나 NAND 같은 메모리 반도체는 셀 하나에 트랜지스터가 1개씩 존재합니다.

셀이나 트랜지스터 등 기술적인 얘기를 하면 내용이 좀 어려워질 수 있는데요. 무어의 법칙을 이해하려면 기본적인 셀 구성에 대해 아주 간단하게라도 설명해야 할 듯합니다. 셀은 반도체 칩의 최소 단위로, 화학에서 말하는 원자 정도로 이해하면 됩니다. 메모리 반도체의 경우 셀마다 이진수인 0, 1 가운데 하나의 값을 지닙니다. 그런데 셀에 데이터를 저장하는 방식은 DRAM과 NAND가 전혀 다릅니다.

DRAM의 셀은 1개의 트랜지스터와 1개의 커패시터capacitor로 구성됩니다. 트랜지스터는 온-오프 스위치라고 이해하면 됩니다. 그리고 커패시터는 데이터를 저장하는 장소로서 배터리에 해당합니다. 커패시터에 전하가 충전되면 1이고, 방전되면 0입니다. 외부에서 가해 주는 전압(v)을 통해 0 혹은 1의 데이터를 쓰거나 읽을 수 있는데요. 이때 사용되는 전압을 동작 전압이라고 합니다. 반면 NAND의 셀은 1개의 트랜지스터로 구성됩니다. DRAM의 데이터 저장 역할을 맡은 커패시터가 없는 대신 플로팅 게이트floating gate를 만들어 트랜지스터 내에 전하를 저장합니다.

공정 관점에서 보면 커패시터를 형성하는 것이 가장 난이도가 높은데요. NAND에는 커패시터가 없으니 집적도를 높이기가 쉽고, 그래서 DRAM에 비해 용량이 큽니다. 쉽게 용량을 확장할 수 있으니 단위 용량당 가격도 싼 것이고요. 물론 DRAM의 쓰기 속도가 NAND보다 1,000배 정도 빠르니 성능 차이도 존재하죠.

한계에 이른 무어의 법칙

다시 무어의 법칙으로 돌아가 보겠습니다. 일반적으로 메모리 칩은 정사각형 형태입니다. 가로와 세로 선이 그어져 있는 바둑판을 생각하면 됩니다. 보통 가로선은 WL$^{\text{Word Line}}$, 세로선은 BL$^{\text{Bit Line}}$이라고 부르는데요. WL과 BL이 교차하는 점 사이사이에 커패시터가 하나씩 있지요.

메모리 칩을 위에서 보면 2차원 구조이므로 가로 방향의 셀의 개수와 세로 방향의 셀의 개수를 곱해야 셀의 총합을 구할 수 있습니다. 그런데 집적도가 2배가 되려면 셀의 개수가 2배가 되어야 하고, 셀의 개수가 2배가 되려면 가로 세로 각각 $\sqrt{2}$ 배가 되어야 합니다. 실제로는 좀 차이가 있지만 아주 단순화시키면 가로 세로 방향의 셀 개수가 $\sqrt{2}$ 배가 되려면 WL과 BL의 두께가 $1/\sqrt{2}$ 배가 되어야 합니다. 공책에 선을 그을 때 선의 굵기가 가늘어지면 더 많은 선을 그을 수 있는 원리와 같습니다. $1/\sqrt{2}$ 은 무리수라 끝없이 반복되지만 대략 0.7 정도입니다. 다시 말해 무어의 법칙이 성립하려면 WL과 BL의 굵기가 2년마다 30%씩 가늘어져야 합니다. 조금 전문적으로 얘기하면 공정 미세화가 진행되어 최소 선 폭이 30%씩 감소해야 하지요. 예를 들어 현재 최소 선 폭이 20

[표 58] DRAM 기술 로드맵

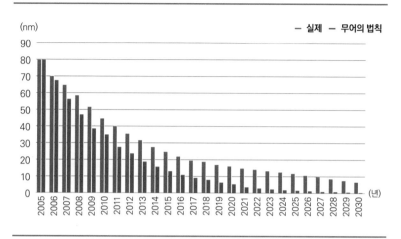

(nm)

― 실제 ― 무어의 법칙

출처 : 업계 자료 종합

나노미터였다면 2년 후에는 14나노미터가 되어야 한다는 말입니다. 반도체 시장 초기에는 이 정도의 공정 미세화가 가능했을지도 모르지만 이제는 불가능합니다.

[표 58]에 2005년부터 2030년까지 DRAM 로드맵이 나와 있습니다. 이 표를 보면 시간이 지남에 따라 무어의 법칙과 현실의 괴리가 커지는 것을 확인할 수 있습니다.

GPU와 HBM

공정 미세화가 중요한 이유는 단순히 용량이 커지기 때문만은 아닙니다. 동작 전압이 낮아지고 속도는 빨라져서입니다. 갑자기 찾아온 AI 시대로 인해 일반인도 엔비디아의 CEO가 젠슨 황 Jensen Huang이라는 것과 H200, B100, B200 등이 엔비디아의 주력 제품 이름이라는 것 정도는 알게 되었지요.

젠슨 황 CEO가 고성능 AI 칩을 만들기 위해 늘 강조하는 것이 전력 소모, 발열, 데이터 전송 속도 등입니다. 이러한 조건들을 만족하려면 DRAM의 선 폭이 더 작아져야 하는데요. 공정 미세화 속도가 엔비디아의 AI 칩 성능 개선 속도를 따라갈 수 없습니다. 그래서 메모리 기업들이 선택한 방법은 회로 선 폭을 작게 만드는 것이 아니라 패키지 방식을 개선해 전력 소모를 줄이고 데이터 전송 속도를 높이는 것입니다.

그런 노력의 결실로 등장한 것이 바로 우리가 많이 들어 본 HBM입니다. HBM은 새로운 종류의 DRAM이 아니라 기존에 GPU와 더불어 그래픽 칩셋chip set에 들어가는 GDDRGraphic Double Data Rate DRAM을 적층 방식으로 쌓아 올린 것입니다. 그래픽 용도이든 인공지능 용도이든 기존에는 GPU를 중심에 두고 8~12개 정도의 GDDR이 배치되어 있었습니다. 각각의 GDDR은 32개의 I/O 단자를 통해 GPU와 데이터 교환을 하는 방식이죠. 따라서 프로세서 역할을 하는 로직 IC인 GPU는 12개의 독립된 GDDR DRAM과 데이터 송수신을 해야 하는데 사용 가능한 DRAM의 용량은 GDDR 칩 하나 용량의 12배입니다. 그리고 데이터 전송 포트 내지는 게이트 역할을 하는 I/O 단자는 칩 하나당 32개에 불과하고요.

그런데 HBM을 사용하면 DRAM 용량과 데이터 전송 속도가 획기적으로 향상됩니다. 우선 HBM 하나에 일반 GDDR이 8개 내지는 12개가 적층되어 있으니 8단 HBM을 6개만 배치해도 GDDR 칩 하나 용량의 48배가 됩니다. 그리고 HBM 내에 있는 8개의 GDDR은 외부 단자가 아니라 수없이 뚫려 있는 내부 전극 TSV$^{\text{Through Silicon Via}}$를 통해 데이터를 전송하니 빠를 수밖에 없고, HBM과 GPU 사이의 데이터 전송도 1,024개의 I/O 포트를 이용하므로 훨씬 빨라집니다.

이렇게 패키지 방식을 변경해 동일한 DRAM으로 칩셋 전체의 성능을 높이는 기술이 등장했습니다. 기술적으로 DRAM 자체의 선 폭을 줄이기 힘든 상황에 직면하자 시스템 전체의 성능 개선에 타깃을 두기 시작한 것입니다. 현재 양산되고 있는 HBM을 2.5D$^{\text{2.5 Dimensional}}$(2.5차원)라고 부릅니다. 2D$^{\text{2 Dimensional}}$(2차원)와 3D$^{\text{3 Dimensional}}$(3차원)의 중간 형태라는 뜻입니다. HBM 자체는 GDDR DRAM이 아파트처럼 수직으로 적층되어 있으니 3D인데, 칩셋 전체를 위에서 내려다보면 GPU와 HBM이 별도의 구조물 형태로 평면 배치되어 있기 때문에 2D죠. 2D와 3D가 혼재되어 있어 완전한 2차원 구조도 아니고 완전한 3차원 구조도 아니라는 의미입니다.

HBM의 등장으로 AI 칩셋의 성능이 비약적으로 개선되었지만 여전히 데이터 병목 현상이 발생하는 구간이 있습니다. HBM과 GPU 사이의 통신 구간인데요. HBM 내의 DRAM 간에는 내부 단자인 TSV를 이용하기 때문에 데이터 이동이 빠르지만 HBM과 GPU 사이에는 여전히 외부 단자가 존재합니다.

이 문제를 해결하기 위해 등장한 개념이 2.5D에서 한 단계 진화한 3D HBM입니다. 2.5D와 3D의 차이는 GPU가 독립된 구조물로 존재하느냐 아니면 동일한 구조물 내에 있느냐에 있습니다. 3D HBM 구조에서는 GPU가 HBM의 상부나 하부에 위치해 상호 간에 TSV로 연결할 수 있습니다. 일종의 주상 복합 구조인 셈이죠. 2.5D에서는 HBM의 데이터를 GPU로 보내려면 엘리베이터를 타고 1층으로 내려가 도보로 옆 건물로 이동해야 했는데 3D에서는 같은 건물에 있으니 엘리베이터로 GPU까지 바로 이동할 수 있어 데이터 전송 속도가 빨라집니다.

3D HBM은 아직 개발이 완성된 기술이 아닙니다. GPU와 DRAM을 함께 적층해야 하므로 SK하이닉스, 삼성전자, 마이크론 등 메모리 공급자와 GPU 및 통합 칩셋을 제조하는 TSMC가 공동으로 개발해야 합니다. 결코 간단한 문제가 아닙니다.

현재의 HBM을 5세대라고 부릅니다. 명칭에 따른 세대 구분은 HBM이 1세대, HBM2가 2세대, HBM2E가 3세대, HBM3가 4세대, 그리고 HBM3E가 5세대입니다. 여기서 영문 철자 E는 enhanced의 약자로 '개선된 버전'이란 뜻입니다. 그리고 6세대인 HBM4가 빠르면 2025년 상반기에 등장할 것 같다는 전망입니다. 하지만 3D HBM은 6세대에 적용되긴 어렵습니다. 아직 기술이 완성되었다는 소식이 들리지 않기 때문이죠. 최소한 엔비디아의 블랙웰 아키텍처 제품에는 모두 2.5D HBM이 탑재될 전망입니다. 2026년 출시되는 루빈 아키텍처 제품을 기대해 보겠습니다.

HBM 이후의 주목할 기술

3D HBM이 완성되면 그 이후 성능을 높이기 위한 방법에는 무엇이 있을까요? 개발 중이라 양산 시점을 예측하긴 어렵지만 PIM^{Processing In Memory}이 되리라는 기대감은 있습니다. PIM은 이름처럼 메모리 안에 프로세서 기능을 넣는데요. DRAM과 프로세서(CPU, GPU, NPU) 간의 데이터 병목 현상을 해결하기 위한 또 다른 접근법입니다.

로직 기능을 수행하는 칩과 DRAM을 하나의 칩으로 만들어 간단한 연산은 PIM 모듈 내에서 해결함으로써 외부 단자를 이용해 프로세서와 송수신하는 빈도 수를 줄이겠다는 의도이죠. 현재는 모든 로직 작업을 할 때마다 외부 단자를 통해 프로세서 모듈과 송수신을 해야 합니다. PIM에 대한 개념은 오래전에 확립되었으나 3D HBM과 마찬가지로 아직 양산 수준의 구체적인 결과물은 발표된 바 없습니다. 현재로서는 미래 기술이죠. PIM이 등장하면 시스템 전체의 속도가 상당히 개선되리라 기대하고 있습니다.

그 외에도 반도체 성능을 종합적으로 높이기 위한 다양한 노력들이 있습니다. 인텔은 마이크론과 함께 옵테인Optane 메모리를 개발했습니다. DRAM과 NAND의 장점을 합쳐 놓은 하이브리드 메모리라고 홍보했는데요. 아쉽게도 결과가 그리 좋지는 않았지요. 또한 삼성전자를 비롯한 많은 업체가 CXLCompute Express Link DRAM을 개발하고 있습니다. 인터페이스를 활용해 여러 기기에 흩어져 있는 DRAM을 하나의 서버처럼 사용할 수 있는 기술인데요. NAND를 조합해 SSD를 만드는 것과 비슷한 원리입니다. 그 외에도 연구 단계 혹은 양산 단계에 있는 많은 새로운 기술이 있습니다.

반도체 엔지니어들이 궁극적으로 추구하는 것은 올인원all-in-one 기능을 지닌 '슈퍼 칩'이겠지요. 하나의 칩이 프로세서(AP 혹은 CPU) 역할도 하고 보조 메모리인 DRAM 역할, 주 메모리인 NAND 역할, 캐시cache 메모리인 SRAM 역할, 그래픽 칩인 GPU 역할, 그리고 통신 칩인 무선 모뎀의 역할까지 할 수 있다면 정말 편리할 것입니다.

대부분의 데이터 병목 현상은 칩과 칩 사이의 외부 단자에서 발생합니다. 이곳에서 접촉이 좋지 않으면 발열 문제도 생기고 외부 회로가 많이 필요하기 때문에 부피도 클 수밖에 없습니다. 모든 기능의 칩을 별도로 구매해서 조립해야 하니 당연히 비용도 높아집니다. 이 모든 기능을 하나의 칩에 구현하는 게 올인원 칩all-in-one chip인데, 달성 가능한 목표인지는 모르겠습니다. 분명한 것은 HBM, 옵테인 메모리, PIM 등 새로운 기술들의 지향점은 단일 칩의 성능에서 모듈로, 그리고 다시 모듈에서 칩셋 전체로 향하고 있다는 것입니다.

이와 같은 다기능 칩이 탄생하려면 전제 조건이 있습니다. 프로세서, 메모리, 파운드리, 패키지 등 다양한 분야의 기업이 협력해야 합니다. 혼자서는 절대 개발할 수 없는 제품입니다. 따라서 앞으로 서로 다른 분야의 반도체 기업들의 공동 개발 프로젝트가 빈번히 등장하리라는 예상입니다. 누군가는 프로젝트를 주도해야 하니 주도권 다툼, 혹은 헤게모니 전쟁이 벌어지겠지요. 이제 메모리 칩 단품을 잘 만드는 능력만으로는 생존하기 어렵다는 사실에는 전부 동의할 것입니다. 단순한 부품 업체로 전락할 게 아니라면 말이죠.

[표 59] **GDDR AI 칩, HBM AI 칩 비교**

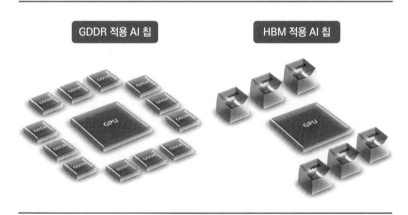

출처 : 이주완

[표 60] 2.5D HBM, 3D HBM 구조

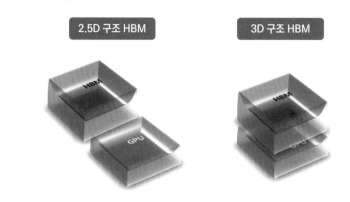

2.5D 구조 HBM   **3D 구조 HBM**

출처 : 이주완

[표 61] PIM 개념도

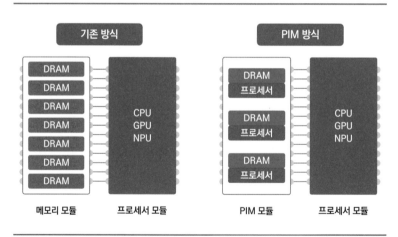

기존 방식   PIM 방식

메모리 모듈   프로세서 모듈   PIM 모듈   프로세서 모듈

출처 : 이주완

[표 62] 인텔, 마이크론의 옵테인 메모리

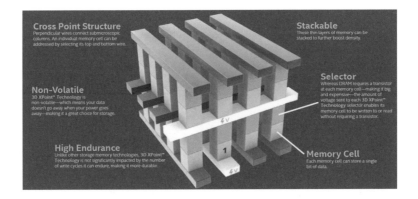

출처 : 인텔

[표 63] 삼성전자의 CXL DRAM

출처 : 삼성전자

반도체 헤게모니는 누구에게?

2024년 하반기에 퀄컴이 인텔을 인수한다는 루머가 전 세계를 떠들썩하게 만들었습니다. 30년 가까이 반도체 1위 자리를 지키던 인텔이 실적 악화로 주식이 폭락하더니 이제는 인수·합병 대상으로 언급되었다는 자체가 큰 충격이었지요.

정확히 몇 년도부터 인텔이 반도체 시장 1위에 올랐는지는 확인되지 않습니다. 다만 1990년에는 일본의 NEC가 1위였고, 인텔은 4위에 불과했습니다. 그러다 1995년에는 1위 인텔, 2위 NEC로 바뀌었으니 1990년과 1995년 사이인 듯합니다.

그 이후 DRAM 가격 상승 효과로 삼성전자가 일시적으로 1위에 올랐던 2018년과 2022년을 제외하고 인텔은 부동의 1위였습니다. 누구도 인텔이 반도체 기업의 대표주자임을 부인할 수 없었지요. 그러나 최근에는 마이크로프로세서 기술에서도 AMD에 뒤지고, 야심 차게 시작했던 파운드리는 애물단지로 전락하면서 인텔은 그만 몰락의 길을 걷고 있는 것 같습니다. 물론 1~2년 내에 반전을 이루고 다시 이전의 영광을 되찾을지도 모르죠.

어쨌든 2025년 초라는 현 시점에서는 인텔의 몰락에 대해 특별한 반론이 없어 보입니다. 반도체의 대명사였던 인텔의 몰락을 보면서 많은 언론이 인텔이라는 기업에 초점을 맞추었습니다. CEO 역량의 문제, 1등이라는 형식적인 지위에 안주했던 문제, 기업 문화가 기술 중심에서 마케팅 중심으로 변질된 문제 등등 여럿이었습니다.

퀄컴의 인텔 인수설의 의미

한편 필자는 남들과는 조금 다른 시각에서 인텔의 문제를 바라보았습니다. 그중 인텔이 직면한 문제들보다는 퀄컴이 인텔을 인수하려고 한다는 소식에 더 큰 비중을 두었습니다. 인텔이 인수·합병 대상이 되었다는 소식이 아니라, 퀄컴이 인수자로 거론되었다는 것이 중요하다고 생각합니다. 만약에 인텔의 인수자로 거론된 기업이 사모펀드나 투자은행, 혹은 중동, 중국, 일본의 거대 자본이었다면 오히려 특별한 사건으로 여기지 않았을 것입니다. 퀄컴은 좀 다르지요. 2장 '파운드리가 대체 무엇이기에'에서 자세히 보았듯이 인텔은 IDM의 대표 기업이고 퀄컴은 팹리스의 대표 기업입니다.

인수·합병이 실제로 진행될지 여부는 확실치 않습니다. 그러나 퀄컴의 인텔 인수 소식은 반도체 패권이 제조 업체에서 팹리스 기업으로 넘어가는 하나의 큰 전환점으로 봐도 될 듯합니다. 다시 말하면 SW 파워가 HW 파워보다 우위에 서게 되었다는 의미지요. 이와 관련해서 2023년에도 반도체 시장에 이정표가 될 만한 사건이 하나 발생했습니다. 반도체 순위 만년 1위였던 인텔이 2위로 밀려나고 1위에 오른 기업이 바로 엔비디아입니다. AI 열풍이 일며 엔비디아의 매출이 급성장했고, 결국 인텔의 아성마저 넘어섭니다.

우리가 기억해야 할 것은 엔비디아 역시 팹리스 기업이라는 점입니다. 결론적으로 인텔을 1위 자리에서 끌어내린 것도 팹리스 기업이고, 인텔의 인수자로 거론되는 기업 역시 팹리스 기업입니다. 2023년 글로벌 IC Top 10 스코어보드를 보면 10개 기업 가운데 4개가 팹리스인데요. Top 6로 좁혀도 여전히 팹리스가 4개, 그리고 Top 5로 좁히면 3개가 팹리스 기업입니다.

언제부터 팹리스 기업들의 강세가 시작되었는지 확인하기 위해 1990년부터 5년 단위로 Top 10 리스트를 구해서 비교해 보았습니다. 1990년부터 2000년까지는 Top 10 가운데 팹리스 기업이 전무했습니다. 그런데, 2015년 2개(20%), 2020년 3개(30%), 2023년 4개(40%)로 점점 증가하고 있습니다. 이들 기업은

[표 64] 글로벌 반도체 Top 10 변천사

	IDM	팹리스			

순위	1990년	1995년	2000년	2015년	2020년	2023년
1	NEC	인텔	인텔	인텔	인텔	엔비디아
2	도시바	NEC	도시바	삼성전자	삼성전자	인텔
3	히타치	도시바	NEC	퀄컴	SK하이닉스	삼성전자
4	인텔	히타치	삼성전자	SK하이닉스	마이크론	퀄컴
5	모토로라	모토로라	TI	마이크론	퀄컴	브로드컴
6	후지쯔	삼성전자	모토로라	TI	브로드컴	AMD
7	미쓰비시	TI	STM	NXP	엔비디아	SK하이닉스
8	TI	IBM	히타치	도시바	TI	TI
9	필립스	미쓰비시	인피니언	브로드컴	애플	인피니언
10	마쓰시타	현대전자	필립스	ST	인피니언	ST
팹리스	0%	0%	0%	20%	30%	40%

출처 : IC 인사이트, 가트너, 세미컨덕터 인텔리전스(Semiconductor Intelligence)

단순히 Top 10에 진입한 데서 그치지 않고 대부분이 상위권에 올라 있습니다. 인텔과 삼성전자를 제외한 나머지 IDM들은 모두 팹리스 기업 아래 이름이 있죠. 같은 팹리스 중에서도 엔비디아의 급상승이 두드러집니다. 처음으로 퀄컴과 브로드컴을 추월하기도 했습니다.

하드웨어에서 소프트웨어 기업으로 넘어가는 반도체 패권

퀄컴의 인텔 인수 소식은 개별 기업의 문제가 아니라 반도체 패권이 하드웨어 기업에서 소프트웨어 기업으로 이동하고 있는 현실을 반영한 하나의 사례입니다. 앞으로 이러한 사례는 계속 등장할 것으로 예상하고 있습니다. 그리고 우리가 잘 알다시피 대부분의 글로벌 소프트웨어 기업은 미국에 있습니다.

그동안 제조 역량에 의존해 반도체 패권을 유지하던 국가들은 이제 새로운 전환점을 맞아 위기에 직면했다고 볼 수 있습니다. 그나마 대만은 미디어텍이 있고, 중화권 전체로 보면 싱가포르에 브로드컴도 있습니다. 일본 역시 소프트뱅크가 영국의 ARM을 소유하고 있지요. 문제는 한국입니다. 우리나라는 경쟁할 만한 반도체 소프트웨어 기업을 보유하고 있지 못합니다. 반도체 시장의 패권이 하드웨어 기업에서 소프트웨어 기업으로 이동하는 시대에 준비가 안 된 한국이 가장 위험한 상태인 것 같습니다.

이미 언급했듯이 소프트웨어 파워가 가장 강력한 나라는 미국입니다. 엔비디아, 퀄컴, AMD, 자일링스, 마벨Marvell 등 팹리스 Top 10 가운데 절반인 5개가 미국 기업인데요. 이들의 시장점유율은 Top 10 전체의 67.5%를 차지합니다. 2017년에는 53.8% 정도였는데 말이죠. 그리고 추세선을 보면 우상향으로 진행 중입니다.

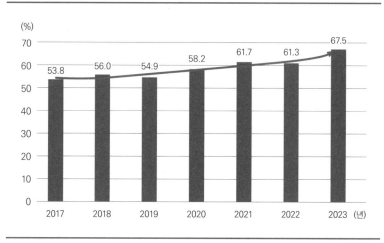

[표 65] 팹리스 Top 10 중 미국 기업 비율

(%)

- 2017: 53.8
- 2018: 56.0
- 2019: 54.9
- 2020: 58.2
- 2021: 61.7
- 2022: 61.3
- 2023: 67.5

출처 : 트렌드포스, 이주완

게다가 현재 반도체 Top 10이나 팹리스 Top 10에 포함되지 않은 미국 기업 가운데는 언제든지 반도체 시장 상위권에 진입할 수 있는 기업들이 있습니다. 애플, 테슬라, 구글, 마이크로소프트, 메타 같은 기업들입니다. 이들은 대부분 자체 수요를 위한 제품을 만들어 통계에 잡히지 않지만 언제든지 제3자 판매 혹은 구독 서비스 시장에 진출할 가능성이 존재하죠.

반도체 설계 능력만 놓고 보면 이미 상당한 수준을 확보했을 것으로 추정됩니다. 따라서 TSMC 등 실력 있는 파운드리와 협업을 통해 대량 생산을 시작하면 얼마든지 제2의 엔비디아가 될 수 있습니다. 그래서 반도체 헤게모니 다툼에서 한 축은 소프트웨어 기업들이 차지할 가능성이 높다고 예상합니다.

치열해지는 멀티 칩 경쟁

전장戰場을 좀 축소시켜 보겠습니다. 올인원 칩, 혹은 중간 과정에서의 하이브리드 칩 제조로 국한시켜 살펴보겠습니다. IDM, 팹리스, 파운드리, OSAT 등 비즈니스 모델 타입별로 비교할 수도 있고, 프로세서, 메모리 등 제품별로 비교할 수도 있겠네요.

먼저 비즈니스 모델별로 비교해 보면 OSAT가 주도권을 잡을 수는 없으니 IDM vs. 팹리스/파운드리 두 진영 간의 싸움이 되겠지요. 지금 당장 확실한 결과를 알 수는 없지만, IDM이 상대적으로 더 유리한 고지에 있다고 볼 수 있습니다.

그에 앞에 이제부터는 올인원 칩과 하이브리드 칩을 묶어 '멀티 칩Multi-Purpose Chip'이라고 부르도록 하겠습니다. 멀티 칩을 개발하려면 설계와 공정이 거의 한 몸처럼 움직여야 합니다. 즉, 최초 설계를 하고 설계된 제품의 샘플을 만들어 테스트하고 그 결과를 피드백을 받아 설계를 변경하고 변경된 설계를 반영해 다시 샘플을 만드는 일련의 과정을 수없이 반복해야 합니다. 그런데 팹리스와 파운드리가 아무리 긴밀한 협력을 한다고 해도 같은 연구소에서 함께 밤새워 토론하며 새로운 제품을 개발하는 IDM을 따라잡기란 불가능합니다. 파운드리는 기본적으로 규격화된 완성 제품을 대량으로 제조하는 일에 익숙하거든요. 그리고 팹리스는 컴퓨터상에서 모델을 돌려 설계의 이상 유무를 판단하는 데 익숙합니다.

설계 엔지니어와 공정 엔지니어가 만나면 가장 많이 다투는 부분이 문제가 생겼을 때 설계를 바꿀 것이냐 아니면 공정에서 해결책을 찾을 것이냐 하는 것입니다. 이처럼 같은 회사 내에서도 이견과 갈등이 많은데요. 하물며 독립된, 수천에서 수만 킬로미터 떨어진 곳에 있는 파트너와의 협력은 더욱 쉽지 않습니다.

주제를 바꿔 보겠습니다. 프로세서를 만드는 기업과 메모리를 만드는 기업 중 누가 멀티 칩 개발에 우위를 보일 수 있을까요? 대부분의 독자들은 이 부분에 주로 관심이 있을 듯합니다.

우리는 이미 새로운 반도체를 개발하기 위해 두 기업이 공동으로 연구했던 사례를 알고 있습니다. 인텔과 마이크론이 공동으로 개발해 양산까지 도달했던 옵테인 메모리가 주인공이죠. 이 경우 프로세서 기능은 없지만 DRAM과 NAND의 기능을 함께 지닌 멀티 메모리 칩을 개발하는 것이었고, 프로세서 기업과 메모리 기업이 합작했습니다. 양산까지 진행해 시장에서 정식으로 판매되었으니 일단 개발은 성공했다고 보는 게 맞습니다. 다만, DRAM와 NAND의 성능이 빠르게 개선되고 그로 인해 SSD의 가성비가 높아지자 옵테인 메모리의 강점들이 희석되어 시장에서 관심을 끌지 못하고 단종斷種되었죠.

인텔이 기술적인 자세한 내용들은 공개하지 않아 비하인드 스토리를 알 수는 없습니다. 그러나 속도가 중요한 프로세서의 설계 노하우를 갖고 있는 인텔이 아이디어를 내고, 메모리 경험이 많은 마이크론이 공정과 제조를 담당했을 것으로 추론할 수 있습니다. 옵테인 메모리의 사례를 보면 새로운 개념이나 회로 설계에 관해서는 확실히 프로세서 기업이 메모리 기업보다는 우위에 있어 보입니다. 그리고 데이터 저장과 관련된 기술은 메모리 기업이 더 잘하겠지요.

삼성전자와 하이닉스의 도전

멀티 칩의 초보 단계인 PIM의 경우는 기본적으로 메모리 모듈이 기본적인 프로세서 기능을 추가로 지닙니다. 때문에 메모리 기업들이 선제적으로 나서는 것 같습니다. 그렇지만 본격적인 멀티 칩을 개발하는 단계로 갈 경우 메모리 기업들의 우위를 장담할 수는 없습니다.

SK하이닉스의 경우 과거 LG반도체 사이트에 있던 로직 사업부를 분사해 매그너칩 반도체로 분리, 매각했기에 현재는 마이크로프로세서나 로직 IC 전문가들이 없습니다. 마이크론 역시 처음부터 메모리 기업들을 합병하며 성장했기에 마이크로프로세서나 로직 칩에 대한 전문성이 거의 없어 보입니다. 삼성전자의 경우는 그래도 시스템 LSI 조직이 있어 프로세서나 로직 IC 전문가들이 많이 남아 있다는 게 장점이 될 수 있습니다. 삼성전자는 자사 스마트폰용이긴 하지만 AP를 만들 수 있고, 과거 PC용 CPU인 '알파칩'도 개발했던 경험이 있습니다. 그때의 연구 인력이 아직 남아 있다면 경쟁해 볼 만합니다. 그러면 인텔, AMD, 엔

[표 66] 멀티 칩 경쟁력 비교

기업	비즈니스 모델		프로세서 역량	메모리 역량	총점
인텔	IDM	3점	3점	2점	8점
엔비디아	팹리스	2점	3점	1점	6점
삼성전자	IDM	3점	2점	3점	8점
AMD	팹리스	2점	3점	1점	6점
SK하이닉스	IDM	3점	1점	3점	7점
마이크론	IDM	3점	1점	3점	7점
키옥시아	IDM	3점	1점	3점	7점

출처 : 이주완

비디아 같은 프로세서 기반의 기업들이 메모리를 개발하는 것은 어떨까요? 아이디어, 콘셉트, 개념 정립 등에서는 우위에 설 수 있습니다. 그런데 인텔을 제외하면 메모리를 직접 만들어 본 경험이 없다는 게 약점입니다. 멀티 칩의 프로세서 기능은 좋지만 데이터 저장 능력이 취약할 가능성이 있습니다.

결국 프로세서와 메모리 경험을 모두 보유했으며 IDM인 인텔과 삼성전자가 이론적으로는 가장 경쟁력이 높다고 할 수 있습니다. 어디까지나 가능성에 관한 이야기입니다. 실제 성공 여부는 앞으로 지켜봐야 하겠지요. 좋은 파트너를 만나 각자의 약점을 보완할 수 있다면 컨소시엄 형태로 강자가 나타날 가능성도 염두에 두어야 합니다.

소부장의 중요성

2024년 12월에 미중美中 무역전쟁이 본격적으로 발발했습니다. 먼저 포문을 연 것은 미국입니다. 12월 2일 미국 상무부는 자국 기업뿐만이 아니라 우방국에서 생산된 HBM까지도 대중對中 수출을 금지시켰습니다. 그리고 대상이 되는 HBM의 종류도 과거 고성능 칩 중심에서 양산 중인 모든 품목으로 확대했죠.

그러자 중국의 반격이 시작되었습니다. 바로 다음날인 12월 3일에 갈륨, 게르마늄, 안티몬, 초경질 재료 등 핵심 광물에 대해 대미 수출 금지 조치를 단행한 것입니다. 갈륨은 차세대 반도체, 태양광 패널, 전기차 등에 사용되고, 게르마늄은 광섬유 통신, 인공위성용 태양전지 등의 핵심 소재입니다. 중국은 전 세계 갈륨 생산량의

98%, 게르마늄 생산량의 68%를 차지한다고 하죠.

　미국에 대한 핵심 광물 수출 금지 조치가 발표되고 그다음 주인 12월 9일 다시 중국 정부는 엔비디아에 대해 반독점 조사를 시작한다고 밝혔습니다. 중국 당국이 발표한 반독점 관련 이슈는 엔비디아가 2020년 데이터센터 강화를 위해 인수한 이스라엘 반도체 기업 멜라녹스Mellanox Technologies 관련입니다. 당시 중국 당국은 멜라녹스가 새로운 제품 정보를 엔비디아에 제공하기 전 90일 이내에 경쟁사들에도 공개하고, 멜라녹스 기술과 중국 반도체 제품 간 호환성을 보장하는 조건으로 인수를 승인했는데요. 엔비디아가 이 같은 조건을 위반한 혐의가 있다고 판단한 것입니다.

　중국의 연이은 공격이 이어지자 이번에는 미국이 반격을 개시합니다. USTRUS Trade Representative(미국 무역대표부)은 12월 11일 중국산 폴리 실리콘 및 태양광 웨이퍼에 대한 관세를 기존 25%에서 50%로 높인다고 밝혔습니다. 그뿐만 아니라 중국산 텅스텐에 대한 관세를 0%에서 25%로 올린다고도요. 발효 시점은 2025년 1월 1일입니다.

반도체 칩에서 소재로 확산되는 무역전쟁

반도체 칩에서 시작한 미중 무역전쟁의 양상이 갈륨, 게르마늄, 안티몬 등 신소재 핵심 광물을 거쳐 폴리 실리콘, 텅스텐 등 일반 소재까지 확대되었습니다. 게다가 소재, 제품과 상관없는 독과점 조사까지 등장했습니다. 일각에서는 중국의 핵심 광물 수출 금지 조치가 한국, 일본 등 미국의 우방국까지 확대되는 건 아니냐는 우려도 나타나고 있습니다.

과거 일본의 핵심 소재 수출 금지를 경험했던 한국으로서는 미중 간의 무역전쟁이 남의 일처럼 여겨지지 않는데요. 한국 법원이 강제 징용 피해자에 대한 배상 판결을 내리자 일본 정부는 2019년 7월 불화수소, 포토레지스트, 불화폴리이미드 등 3개 품목의 한국 수출을 제한했던 전력이 있습니다. 명목상은 수출 허가를 받는 형식이지만 몇 개월 동안이나 아예 허가 자체를 내지 않았죠. 불화수소와 포토레지스트는 반도체 제조 공정의, 불화폴리이미드는 플렉서블 디스플레이 제조 공정의 핵심 소재입니다.

그리고 같은 해 8월에는 화이트 리스트에서 한국을 제외했습니다. 화이트 리스트에서 제외되면 1,194개의 전략 물자를 한국에 수출할 경우 건별로 일본 당국의 심사를 받아야 합니다. 반대로 화이트 리스트에 속한 국가는 동일 품목에 대해 3년에 한 번씩만 포괄 심사를 받으면 되고요. [표 67]을 보면 일본의 전략 물품 수출 금지 리스트에는 반도체 관련 품목이 가장 많습니다.

미중 간의 무역전쟁이 격화되는 것처럼 한일 간 무역 분쟁이 벌어져 주요 품목에 대한 수출 금지 조치가 내려지면 어떻게 될까요. 한국의 반도체 산업은 멈출지도 모릅니다. 주요 소재, 장비에 대한 해외 의존도가 매우 높고, 소재의 경우 특히 일본 의존도가 높기 때문입니다.

[표 67] **일본의 전략 물품 수출 금지 리스트**

대분류	세부 분류	비고
불화수소 외 다수	불화칼륨/에틸렌 클로로히드린 시안화칼륨 등	반도체/디스플레이 소재
방향족 폴리이미드	필름/시트/테이프/리본	OLED 소재
코팅 장치	ALD/Plasma/전자빔/이온 주입	반도체/OLED/LED 장비
집적회로	마이크로프로세서/아날로그 반도체 전력용 반도체	비메모리 반도체
디지털 기억 장치	디스크 메모리/SSD	메모리 반도체/SSD
반도체 제조용 장비	증착/이온 주입/자동 이송 리소그래피/테스트/측정	반도체 장비
반도체 기판(웨이퍼)	Si/Ge/SiC/GaN, InGaN, AlGaN InAlN, InAlGaN, GaPGaAs, AlGaAs InP, InGaP, AllnP, InGaAlP	반도체 소재
마스크/레티클	마스크/레티클	반도체 부품
리지스트	ArF/EUV/이온빔/전자빔/표면 이미징	반도체 소재

출처 : 이주완

2019년 일본이 3대 핵심 소재의 수출을 금지했을 때 한국이 일본으로부터 수입하는 해당 품목의 수입액은 연간 5,000억 원에 불과했습니다. 그러나 핵심 소재의 부재로 반도체 생산이 중단되면 100조 원이 넘는 수출이 차질을 빚게 되니 200배의 증폭 효과가 나타나는 것이죠. 이것이 소재, 부품, 장비의 파급 효과입니다.

반도체 제조업은 매우 복잡한 과정을 거치기 때문에 공급망도 단순하지 않습니다. 소재로서 가장 큰 비중을 차지하고 있는 실리콘 웨이퍼, 전공정 장비 및 소재들과 유틸리티 라인Utility Line, 클린룸Clean Room 설비, AGVAutomated Guided Vehicle를 포함한 수많은 자동화 기기와 후공정 장비들로 구성됩니다.

반도체에서 많이 사용되는 용어인 전前공정, 후後공정의 기준은 웨이퍼 내에 형성된 개별 칩(die)의 절단 여부입니다. 따라서 전공정은 원형의 웨이퍼 상태로 진행되고, 후공정은 개별 칩 상태로 진행됩니다. 공정(step) 수는 전공정이 전체 공정의 대부분을 차지하지요.

갈 길이 먼 반도체 소부장 국산화

그동안 반도체 소부장(소재, 부품, 장비) 국산화에 많은 노력을 기울였지만 아직 갈 길이 먼 듯합니다. 비록 정확한 데이터는 2017년까지밖에 없지만 최근까지도 한국 소재 국산화율 50%, 장비 국산화율 20% 정도에 불과하다는 게 일반적인 평가입니다.

전 세계 반도체 장비 시장을 살펴보면 어플라이드 머티어리얼즈AMAT, 램 리서치LAM Research, KLA-텐코Tencor 등이 포진한 미국이 42%로 압도적인 1위입니다. 그다음은 도쿄 일렉트릭TEL, 고쿠사이Kokusai 등이 속한 일본(21%), 슈퍼 을 ASML이 버티고 있는 네덜란드(18%)의 순입니다. 한국 장비 업체 가운데는 삼성전자의 자회사인 세메스SEMES가 10위권에서 오르내리고 있지요. 반도체 소재 가운데 규모가 가장 큰 실리콘 웨이퍼 시장은 일본의 신예츠Shin-Etsu와 섬코Sumco가 55%를 차지하고 있습니다. 그다음으로 대만의 글로벌 웨이퍼스가 약 17%, 독일의 실트로닉이 12%, 한국의 SK실트론이 11% 정도입니다. 실리콘 웨이퍼 역시 일본 의존도가 높은 상황이고요.

[표 68] 반도체 산업의 공급망 구조

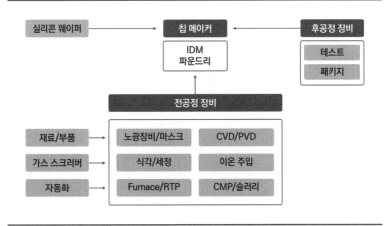

출처 : 이주완

[표 69] 반도체 소재, 장비 국산화율

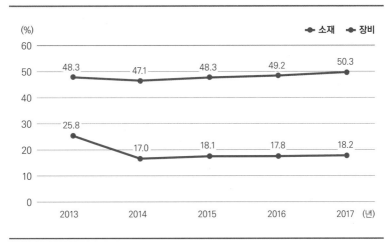

출처 : SEMI

[표 70] 반도체 장비 시장점유율(2022년)

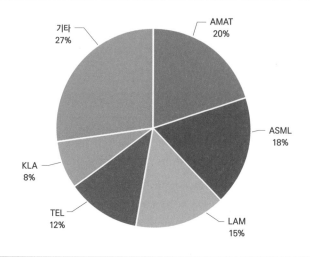

출처 : 욜 인텔리전스(Yole Intelligence)

[표 71] 반도체 장비 국가점유율(2022년)

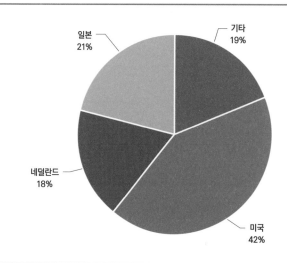

출처 : 가트너

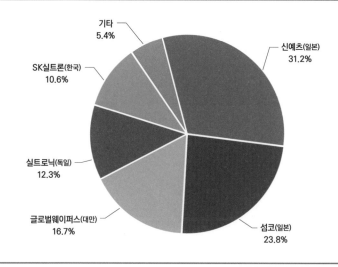

[표 72] 실리콘 웨이퍼 시장점유율(2020년)

기타
5.4%

SK실트론(한국)
10.6%

실트로닉(독일)
12.3%

글로벌웨이퍼스(대만)
16.7%

신예츠(일본)
31.2%

섬코(일본)
23.8%

출처 : 옴디아(Omdia)

숫자로 보는 반도체 비중

반도체 산업으로 돌아가 보겠습니다. 대한민국이 비록 메모리 중심이기는 하지만 전 세계적으로 반도체 강국임에는 틀림없습니다. 그리고 한국 경제에서 개별 산업으로서 반도체가 차지하는 비중은 절대적이죠.

먼저 한국 수출에서 반도체가 차지하는 비중을 분석해 봤습니다. 반도체 수출과 관련해서는 신문이나 방송에서도 많이 언급하고 정부도 종종 발표하기에 비교적 친숙한 통계라고 여겨집니다. 한 가지, 정부에서 발표하는 반도체 수출 비중은 한국에서만 사용하는 MTI^{Main Tariff Item} 코드 기준이라 본서에서는 전 세계에서 통용되는 HS 코드^{Harmonized System Code}를 기준으로 분석했습니다.

2015년까지는 전체 수출에서 반도체가 차지하는 비중이 10%를 넘지 못했습니다. 그러나 2016년 최초로 10.6%를 달성한 후 수출 비중이 빠르게 높아져 2018년에는 최고치인 18.1%를 기록하지요. 이때 정부에서 발표하는 MTI 기준으로는 20.7%를 기록했습니다. 그 후 수출 비중이 큰 편차를 보이는 것은 메모리 가격의 변동성이 커서입니다. 일부 환율의 영향도 있을 테고요. '변동성과 항상성의 비밀'에서 설명한 것처럼 메모리는 실제 수요보다는 공급 과잉 여부에 따른 가격에 의해 기업의 실적과 수출이 영향을 받습니다.

그래서 수량을 기준으로 한 수출 실적과 금액을 기준으로 한 수출 실적이 항상 엇박자를 보이고 있습니다. 경제나 산업을 분석하는 전문가들이 어려워하는 부분이기도 하지요. 수출은 역대 최대라고 하는데 시장의 분위기는 불황을 반영하는 모습이 종종 연출되는 이유이기도 합니다. 반면에 수출 비중을 그래프로 그려 보면 반도체 사이클이 그대로 보입니다.

경제성장률 기여도를 계산할 때 순 수출, 내수(민간 소비), 설비 투자, 건설 투자, 정부 소비 등이 주요 항목인데, 수출에서 반도체 비중이 높다 보니 메모리 가격 변동 여부에 따라 수출의 경제성장률 기여도가 영향을 받는 구조입니다.

[표 73] 반도체의 수출 기여도

연도	총 수출 (100만 달러)	반도체 (100만 달러)	비중 (%)
2005년	284,419	24,357	8.6
2006년	325,465	25,614	7.9
2007년	371,489	30,278	8.2
2008년	422,007	25,780	6.1
2009년	363,534	24,384	6.7
2010년	466,384	37,904	8.1
2011년	555,214	39,665	7.1
2012년	547,870	41,347	7.5
2013년	559,632	47,118	8.4
2014년	572,665	51,544	9.0
2015년	526,757	52,173	9.9
2016년	495,426	52,280	10.6
2017년	573,694	86,103	15.0
2018년	604,860	109,776	18.1
2019년	542,233	79,077	14.6
2020년	512,498	82,884	16.2
2021년	644,400	109,297	17.0
2022년	683,585	112,847	16.5
2023년	632,226	86,135	13.6

출처 : 한국무역협회, 이주완

한국 경제 전체에서 반도체가 차지하는 영향에 대해서도 살펴보겠습니다. 국가의 경제 규모를 대표하는 지표가 GDP^{Gross Domestic Product}인데요. GDP와 삼성전자, SK하이닉스 등 반도체 기업의 매출을 함께 보았습니다. 엄밀한 의미에서 GDP는 국내 생산만 고려한 지표이고 기업의 매출은 해외 생산을 포함하고 있어 경제학적으로 별도의 정의가 있는 지표는 없습니다. 다만, 국가 전체 생산 대비 반도체라는 일개 산업의 생산(매출)이 어느 정도 비중인지를 살펴보자는 것이지요.

한국은행에서 발표하는 명목 GDP와 반도체 매출을 연도별로 정리해 보았습니다. 그리고 반도체 매출이 GDP 대비 어느 정도 비율인지를 계산해 보니 생각보다 높지는 않았습니다. 대략 4~6% 정도 되더군요. 만약 명목 GDP 대신 실질 GDP를 사용하면 더 높아지겠지요.

그래서 이번에는 반도체 산업의 영업이익이 경제 성장에 미치는 영향을 분석해 보았습니다. 기업의 재무제표 가운데 영업이익 항목을 채택한 이유는 매출이 총생산의 개념이라면 영업이익은 기업의 순 부가가치에 가깝다고 생각했기 때문입니다. 그리고 경제성장률은 전년도 GDP 대비 금년 GDP 순증(순수 증가분)의 백분율이니 역시 일정 부분 순 부가가치 증가의 개념이 있습니다.

2010년부터 2023년까지 GDP 순증 대비 반도체 영업이익의 비율을 계산해 보니 앞서 계산한 GDP 대비 매출에 비해 훨씬 높은 값을 보여 주었습니다. 매출/GDP 지표의 평균값이 4.4%에

[표 74] 반도체의 경제 성장 기여도

연도	GDP (1억 원)	GDP 증가 (1억 원)	매출 (1억 원)	영업이익 (1억 원)	매출 /GDP (%)	영업이익 /증가분 (%)
2010년	13,794,602	1,241,548	497,470	130,960	3.6	10.5
2011년	14,485,757	691,155	473,804	76,619	3.3	11.1
2012년	15,046,741	560,984	450,550	42,348	3.0	7.5
2013년	15,709,381	662,640	514,161	102,175	3.3	15.4
2014년	16,384,848	675,467	566,217	141,284	3.5	20.9
2015년	17,407,760	1,022,912	663,880	181,281	3.8	17.7
2016년	18,330,265	922,505	683,587	168,668	3.7	18.3
2017년	19,342,339	1,012,074	1,043,800	489,180	5.4	48.3
2018년	20,069,746	727,407	1,267,410	653,500	6.3	89.8
2019년	20,405,943	336,197	916,330	167,410	4.5	49.8
2020년	20,584,666	178,723	1,047,539	238,269	5.1	133.3
2021년	22,219,130	1,634,464	1,371,680	416,440	6.2	25.5
2022년	23,237,815	1,018,685	1,410,440	310,760	6.1	30.5
2023년	24,011,894	774,079	993,555	-226,000	4.1	-29.2

출처 : 국은행, 각 사 자료, 이주완

불과한데 영업이익/GDP 순증 지표의 평균값은 8배 높은 32.1%를 기록했습니다. 분석한 기간 내의 편차는 -29.2~133.3로 높은 변동성을 나타냅니다. 100%가 넘는 수치가 나온다는 것은 한국 전체의 GDP 증가분보다 반도체 산업 하나의 영업이익이 더 많다는 의미입니다. 이 내용들이 경제학적으로 커다란 의미가 있는 지표들은 아니지만 적어도 반도체 산업이 한국 경제에서 얼마나 중요한지, 그리고 얼마나 큰 비중을 차지하는지 정도는 감을 잡을 수 있습니다.

이번 챕터에서 이야기하고자 하는 바는 명확합니다. 한국 경제에서 반도체가 미치는 영향은 매우 크다는 것, 그러나 소재, 부품, 장비의 해외 의존도가 높아 매우 취약한 공급망 구조를 지니고 있다는 것입니다. 미국, 일본, 심지어 중국보다도 반도체 공급망이 취약할 수 있습니다. 변동성이 낮은 비메모리로의 전환도 중요하고 프로세서-메모리 멀티 칩 개발에서 주도권을 잡는 것도 중요하지만 소재, 부품, 장비의 국산화 역시 시급한 과제입니다. 동시에 이 모든 이슈가 현 시점 한국 반도체의 취약점이기도 하죠.

반도체 패권전쟁

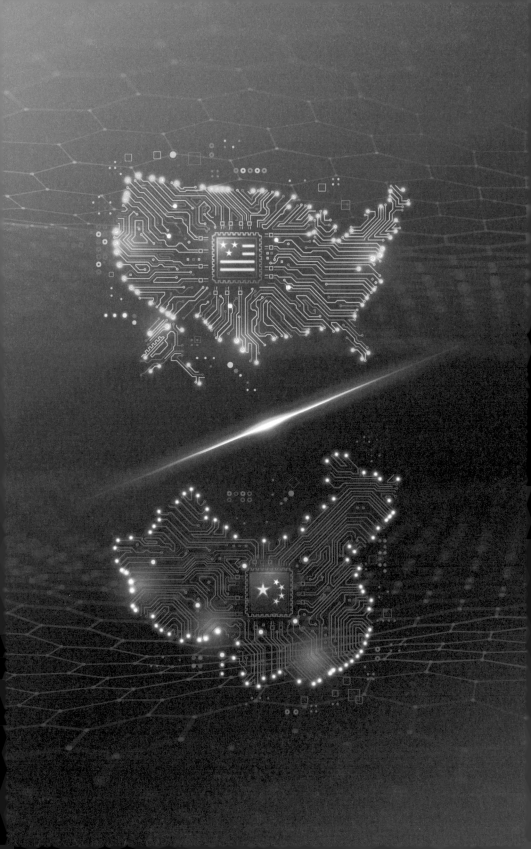

5장

반도체
패권전쟁

중국의 반도체 굴기

지금은 언론에서 너무 많이 다루어 다소 식상한 표현이 되어 버렸지만 필자가 2017년에 '중국의 반도체 굴기崛起'라는 제목의 보고서를 처음 발간했을 때만 해도 시장의 반응은 완전한 무시 그 자체였습니다. 증권사 애널리스트, 정부 기관, 반도체 기업, 언론 등 대부분의 여론은 중국이 아무리 많은 돈을 투자해도 반도체처럼 정밀한 제품은 기술 격차가 커서 도저히 따라올 수 없다는 것으로 수렴했죠. 심지어 그 이전까지만 해도 필자에게 절대적인 신뢰를 보내던 신문사 기자들조차도 반신반의했으니까요.

그런데 최근 트렌드포스 등 해외 시장 조사 기관에서 2025년 4분기 중국의 DRAM 시장점유율이 16%를 넘을 것이라는 내용을 발표하면서 중국발^發 위기론이 급부상했습니다. 삼성전자 최고경영진이 최근의 실적 부진 원인 가운데 하나가 중국이라고 언급했을 정도죠.

이제 중국이 반도체 시장을 흔드는 하나의 축이 되었음을 모두가 인식하기 시작했습니다. 2025년이 되면 반도체 시장에서 중국의 위상 변화에 대해 모두가 알게 될 것이라고 필자가 이미 8년 전인 2017년에 경고했는데 말이죠.

중국의 반도체 굴기가 두려운 이유

중국 정부는 2014년 6월 '반도체 산업 발전 추진 요강'을 발표했습니다. 2015년부터 10년 동안 1조 위안(약 198조 원)을 투자해 반도체 독립을 이루겠다는 원대한 계획이었죠. 중국 정부의 야심 찬 계획안에는 2015년, 2020년, 2030년 등과 같은 이정표와 각 연도별로 구체적인 달성 목표가 제시되어 있습니다.

반도체 산업이 자본만으로 성장할 수 없다는 의견에는 절대적으로 동의합니다. 기술과 인력도 중요하고 당연히 장비도 중요합니다. 필자는 8년 동안 반도체 엔지니어로 일하며 DRAM, 로직 IC, FeRAM을 개발했기에 이와 같은 사실을 누구보다도 잘 알고 있습니다.

중국이 10년간 천문학적인 자금을 투자하고 있지만 2014년 계획 대비 현재 반도체 자급자족이 지연되고 있는 가장 큰 이유 역시 이와 밀접한 관련이 있습니다. 미국의 방해로 EVU 같은 고성능 장비를 구매하지 못하기 때문입니다. 그럼에도 필자가 중국의 반도체 도전에 위기의식을 느꼈던 이유는 1조 위안(2014년 당시 환율로 약 180조 원)이라는 구체적인 투자 금액의 실체가 있었기 때문입니다. 물리학의 '질량 보존의 법칙'을 빗대어 경제학에 적용되는 '자본 보존의 법칙'이라는 신조어를 만들었을 정도였습니다.

필자의 가설은 이렇습니다. 자본이 투입input되면 여러 가지 상황 변화에 따라 결과가 도출되는 시간이 지연될 수는 있지만 결국에는 투입된 자본과 등가의 반도체 칩이 만들어진다는 것입니다. 그리고 중국의 1조 위안 투자가 일단락되는 2025년 현재 과

[표 75] 중국의 반도체 산업 발전 추진 요강 주요 내용

향후 10년간 1조 위안 투자(2014년 6월)	
시기	내용
2015년	• 산업 발전을 위한 융자 플랫폼과 정책 환경 구축 • 반도체 산업 매출 574억 달러 이상 달성 • 32/28나노 제조 공정 대규모 양산 실현 • 중급, 고급 패키징 테스트 매출을 30% 이상으로 제고 • 65/45나노 핵심 설비 및 12인치 웨이퍼 등 생산 라인에서 사용
2020년	• 중국 반도체 산업을 세계 첨단 수준으로 제고 • 업계 전체 매출 연평균 성장률을 20% 이상으로 제고 • 모바일 스마트 기기, 인터넷 통신, 클라우드, 사물인터넷, 빅데이터 등의 설계 기술을 국제 일류 수준으로 제고 • 16/14나노 공정 규모의 대규모 양산 실현 • 패키징 및 테스트 기술 세계 일류 수준으로 제고 • 세계 시장에서 중국 핵심 설비와 소재가 거래될 수 있게 함
2030년	• 반도체 산업 부가가치 사슬의 주요 단계에서 세계 첨단 수준 도달

출처 : 언론 종합

거의 우려는 현실이 되어 가는 중입니다.

필자는 중국의 '반도체 산업 발전 추진 요강'이 발표되자 바로 분석에 들어갔습니다. 과연 1조 위안이 10년 후 중국의 생산 능력 기준 시장점유율을 얼마나 높여 줄 수 있을지에 대해서요.

반도체 생산 능력 순위

[표 76]은 2015년 기준, 상위 5개 기업의 반도체 생산 능력production capacity을 보여 줍니다. 대부분의 DRAM, NAND 업체들은 300mm 웨이퍼를 사용하고 있습니다. 그러나 로직, 파운드리 등에서는 아직까지 200mm 웨이퍼를 많이 사용하다 보니 기준을 통일하기 위해 200mm 웨이퍼로 환산한 데이터를 사용했습니다. 여기서 사용되는 모든 데이터는 메모리, 비메모리 구분 없이 월간

[표 76] **글로벌 반도체 생산 능력(2015년)**

기업	국적	생산 능력(1만 장/월)	전년 대비 증가율(%)
삼성전자	한국	253.4	8.1
TSMC	대만	189.1	14.1
마이크론	미국	160.1	4.0
도시바/WD	일본	134.4	5.3
SK하이닉스	한국	131.6	12.5
기타		766	3.2
총계		1,635	6.1

출처 : IC 인사이트, 이주완

최대로 공정을 진행할 수 있는 웨이퍼 매수라고 보면 됩니다. 보통 캐파capa.라는 표현을 사용하지요.

반도체 생산 능력 1위는 삼성전자였습니다. 시장점유율이 15.5%나 되었습니다. 2위는 파운드리 기업인 TSMC(11.6%), 3위는 마이크론(9.8%), 4위는 도시바/WD(8.2%), 그리고 5위는 SK하이닉스(8.0%)의 순서였습니다. 상위 5개 기업의 합산 점유율이 53% 정도가 되었는데요. 인텔이 Top 5에 포함되지 못한 것이 다소 이채롭습니다. 2015년 당시 각 기업의 생산 능력 증가율도 표시되어 있습니다. 전 세계 반도체 생산 능력 증가율도요. 이 수치들을 연평균 증가율에 대입해 보면 10년 후 각 기업과 전 세계 반도체 생산 능력을 예측할 수 있습니다.

삼성전자와 SK하이닉스는 데이터를 합산하여 한국이라는 항목으로 분석했습니다. 증가율도 양 사의 데이터를 함께 계산해 약 9%라는 값을 얻었고요. 중국의 전망치를 기업별로 계산할 수 없기 때문에 한국도 개별 기업이 아닌 국가의 생산 능력으로 비교하려는 의도입니다.

10년 만에 급성장한 중국 반도체

[표 77]에서 중국의 경우 2015년에는 생산 능력이 매우 작아 '0'으로 계산했습니다. 그리고 연평균 증가율을 구할 수가 없기에 1조 위안이라는 자본이 모두 투입된 10년 후 등가의 반도체 생산 능력으

로 환산했습니다. 당시 삼성전자와 SK하이닉스의 최신 팹^{Fab} 건설 비용은 월 20만 장 규모일 경우 15조 원이었습니다. 1조 위안은 당시 환율로 180조 원이니 월 20만 장 규모의 팹 12개를 지을 수 있습니다. 생산 능력 기준으로는 240만 장이고, 200mm로 환산하면 540만 장이 됩니다.

[표 77]은 10년 후인 2025년 한국과 중국의 반도체 생산 능력 점유율 전망치입니다. 전 세계 반도체 생산 능력은 월 2,928만 장, 한국의 생산 능력은 월 911만 장이라는 결과를 얻었고요. 각각의 시장점유율은 중국이 18.4%, 한국이 31.1%였습니다. 물론 생산 능력 점유율이 제품의 시장점유율과 같지는 않습니다. 이 수치에 가동률^{utilization rate}과 수율^{yield}이 곱해져야 실제 생산량이 나오고, 생산량에서 재고를 차감해야 출하량이 됩니다. 시장점유

[표 77] 2025년 반도체 시장점유율 전망

(단위: 1만 장/월, %)

1조 위안	1조 원	생산량	200mm 환산
최근 완공 팹 기준	15	20	45
1	180	240	540

(단위: 1만 장/월, %)

	2015년	2025년	점유율(2025년)
글로벌	1,635	2,928	100.0
중국	0	540	18.4
한국	385	911	31.1

출처: 이주완

율은 출하량 기준으로 집계하므로 중국의 실제 시장점유율은 더 낮아질 전망입니다. 또 2018년부터 시작된 미국의 대중對中 반도체 제재는 2017년 분석 당시 예상할 수 없었던 변수라 18.4%의 점유율 달성 시점은 몇 년 지연될 수밖에 없습니다. 그럼에도 불구하고 (비록 DRAM에 한정된 내용이지만) 2025년 중국의 시장점유율이 16%라는 말은 8년 전 분석 결과가 상당히 정확했음을 의미합니다.

한국과 중국의 기술력 격차는 분명히 존재합니다. 특히나 중국은 EUV 장비를 구매할 수 없어 공정 미세화에 한계를 느끼고 있죠. 그렇지만 선두 그룹의 공정 미세화 속도가 점점 느려지고 있습니다. 추격자 입장에서는 격차를 빠르게 좁힐 수 있다는 것도 사실입니다. 그리고 중국이 반도체 공장만 짓고 있지도 않습니다. 앞에서 기술, 인력, 장비가 중요하다고 이야기했는데요. 최근 중국은 EUV 장비를 제외한 반도체 공정 장비를 거의 매점買占하고 있습니다.

반도체 공정 장비 출하와 관련하여 가장 공신력 있는 기관은 SEMISemiconductor Equipment and Material International입니다. SEMI에서는 매 분기마다 지역별 반도체 장비 출하량을 집계해서 발표하는데요. [표 78]에 최근 5년간 지역별 반도체 장비 출하량이 나와 있습니다. 2023년 3분기부터 중국 지역에 비정상적일 정도로 장비 출하량이 증가한 것을 확인할 수 있습니다. 물론 이 수치는 중국 내에 운영 중인 다국적 기업의 공장으로 입고된 물량도 포

[표 78] 지역별 반도체 장비 출하

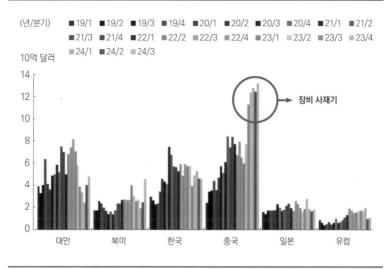

출처 : SEMI

함하고 있습니다.

칩스법(미국의 반도체 보조금 제도)에 따라 미국 정부의 보조금을 받는 기업은 중국 내 운영 중인 공장의 생산 능력을 연간 5% 이내로 확대해야 합니다. 따라서 다국적 기업들이 공격적으로 장비를 구매할 리 없습니다. 그리고 EUV 등 첨단 장비의 반입이 막혀 점차 구식 팹이 되고 있는 중국 공장의 생산량을 늘릴 이유도 없죠. 결국, 최근 중국 지역으로의 반도체 장비 출하량 대부분은 중국 로컬 기업들의 구매로 봐야 합당합니다.

그런데 현재 중국 로컬 기업들의 반도체 생산 능력은 한국, 대만에 비해 현저하게 떨어집니다. 이 정도의 장비를 구매해도 설치할 공장이 없습니다. 미국의 제재가 더욱 강해지기 전에 장비를 미래 구매해 놓으려는 의도이겠지요. 반도체 장비는 온도, 습도가 조절되는 창고에 랩으로 포장된 상태로 보관하면 몇 년이 지나도 정상적으로 사용할 수 있습니다.

중국의 반도체 장비 구매 점유율은 꾸준히 상승하고 있습니다. 2012년 6%대에 불과했던 장비 구매 점유율은 최근 40%를 넘었고, 2024년 1분기에는 최고 47.4%를 기록했습니다. 전 세계에서 생산되는 반도체 공정 장비의 절반 정도가 중국에 도착했다는 건데요. 미국의 반도체 대중^{對中} 제재의 실효성 논란이 불거지는 이유이죠.

한편으로 기술 확보를 위한 노력도 꾸준히 진행되고 있습니다. [표 80]은 2013년부터 2015년 사이 중국 기업들의 반도체 관련 인수·합병 사례를 정리한 것입니다. 마이크론 인수는 미국 정부의 반대로 무산되었지만 반도체 설계, 칩 제조, 패키지 관련 다수의 해외 기업을 인수했습니다. 기업 인수가 기술 확보를 위한 가장 빠른 방식이죠.

인력 확보와 관련해서는 요즘 2~3배의 연봉을 제시하며 한국 엔지니어들을 영입하는 사례에 대해 언론에서 많이 다루고 있습니다. 그리고 미국에서 유학 중인 중국 엘리트의 상당수는 본국으로 돌아가는 것으로 알고 있습니다.

[표 79] 중국의 반도체 장비 구매 점유율

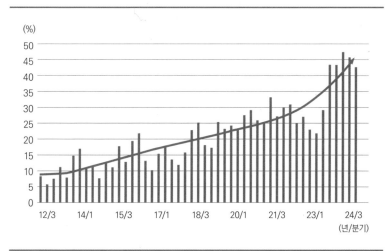

출처 : SEMI

[표 80] 중국의 반도체 인수·합병 사례

시기	인수 주체	피인수 기업	분야	결과
2013년 6월	칭화유니그룹	스프레드트럼	AP	체결
2013년 11월	칭화유니그룹	RDA, 마이크로일렉트로닉스	통신용 반도체	체결
2014년 3월	PDSTI	몽타주	반도체 설계	체결
2014년 8월	Hua 캐피탈	옴니비전	CIS	체결
2014년 11월	JCET	스태츠칩팩	패키지	체결
2015년 3월	서밋뷰캐피탈	ISSI	DRAM 설계	체결
2015년 4월	동심반도체	피델릭스	모바일 메모리	체결
2015년 5월	JAC 캐피탈	NXP RF 파워 부문	RF, 무선 네트워크	체결
2015년 7월	칭화유니그룹	웨스턴디지털(15%), 샌디스크	HDD, SSD, AND	체결
2015년 7월	칭화유니그룹	마이크론	메모리	불발
2015년 11월	칭화유니그룹	파워텍	패키지	체결
2015년 12월	칭화유니그룹	SPIL	패키지	체결
2015년 12월	칭화유니그룹	칩모스	패키지	체결

출처 : 언론 종합

중국 반도체 굴기의 미래

중국은 자본, 기술, 인력, 장비 등 반도체 산업 육성에 필요한 4가지 요소를 차근히 확보하고 있습니다. 미국의 제재가 중국의 반도체 굴기를 지연시키는 효과는 분명히 있습니다. 하지만 중국의 반도체 독립을 완전히 막지는 못할 거라는 주장이 미국 내에서도 점차 힘을 얻는 중입니다. 오히려 가장 큰 고객인 중국에 제품을 팔지 못하는 미국 기업들만 피해를 입는다는 논리입니다.

그렇다면 중국은 왜 미국과 무역전쟁을 불사하면서까지 반도체 자급자족을 추진하는 걸까요? 많은 이들이 미중^{美中} 간의 기술 패권전쟁이라는 표현을 사용하는데요. 애초에 중국은 반도체를 갖고 미국과 경쟁을 할 이유도, 또 의사도 없습니다.

중국이 반도체 자급자족이 절실한 이유는 [표 81]과 같은 무역 구조의 불균형에 있습니다. 중국은 세계에서 가장 많은 무역 흑자를 기록하는 나라입니다. 연간 무역수지 흑자가 1,200조 원이 넘죠. 하지만 세계 최대 무역 흑자국인 중국에게도 아픈 손가락이 있습니다. 만성적인 적자 품목 3개가 있는데요. 1위는 원유, 2위는 반도체, 3위는 철광석입니다. 이 세 품목의 적자 금액을 합하면 970조 원 수준이라 중국의 무역수지 흑자 총액의 80% 정도가 됩니다. 이 3개 품목 가운데 원유와 철광석은 특별한 해결책이 없습니다. 매장된 자원을 인위적으로 바꿀 수는 없으니까요. 하지만 반도체는 공산품이니 제조업이 강한 중국이 도

전해 볼 만합니다.

　중국의 연간 반도체 무역 적자는 300조 원이지만 수입은 500조 원입니다. 10년간 180조 원을 투자해 반도체 자급률을 50%까지 끌어 올리면 해마다 250조 원을 절약할 수 있으니 1년 만에 투자비를 회수하는 셈입니다. 중국이 반도체 독립에 진심인 이유를 알 수 있죠. 아이러니하게도 반도체 수출/수입 비율이 2015년 30%에서 2023년 40%로 상승해 자급률이 높아지긴 했는데요. 같은 기간 반도체 수입 금액 역시 300조 원에서 503조 원으로 크게 증가했습니다. 계산에 착오가 생긴 것입니다.

[표 81] **중국의 무역 적자 상위 10개 품목(2023년)**

순위	품목	수출금액 (100만 달러)	수입금액 (100만 달러)	수지 (100만 달러)
1	석유	844	335,534	-334,690
2	전자 집적 회로	137,451	351,804	-214,353
3	철광석	2,643	132,560	-129,917
4	금	4,104	92,155	-88,051
5	천연가스	3,650	84,610	-80,960
6	대두 콩	84	61,421	-61,337
7	구리 광석	7	60,444	-60,437
8	역청탄	1,149	41,281	-40,132
9	반도체용 기계	4,653	39,624	-34,971
10	정제 구리	2,421	34,242	-31,821
	총계	3,421,739	2,563,585	858,154

출처 : 한국무역협회

중국몽 저지를 위한 미국의 전략

미국 입장에서는 중국의 반도체 자립 추진 배경이 경제적인 것이든 정치적인 것이든 상관이 없습니다. 구舊 소련의 몰락 이후 미국을 위협할 수 있는 유일한 강대국이 중국이기 때문에 견제하는 것이죠. 이미 경제적으로는 해마다 400조 원 정도의 대중 무역 적자가 발생하는 상황에서 기술적인 우위마저 없어지면 도저히 중국을 제어할 방법이 없어지는데, 그렇다고 무력으로 전쟁을 벌일 수는 없으니까요. 미국의 대중 무역 적자 규모는 미국 무역 적자 전체의 25% 정도를 차지합니다.

표면적으로는 미국 안보에 대한 위협이 반도체, 통신장비, 소프트웨어 관련 미국의 대중 제재 이유입니다. 중국의 통신 제품

내에는 백도어backdoor와 같은 해킹 프로그램이 설치되어 있고, 중국에 반도체를 팔면 군사적인 목적으로 전용된다는 논리이죠.

현재까지 미국은 자신들이 주장하는 안보 위협 관련해서 어떠한 근거나 물증도 제시한 적이 없습니다. 그저 명목과 구실이 필요한 것일 뿐입니다. 그럼에도 불구하고 미국의 정치적인 압박이 경제적으로 구체화될 수 있는 것은 힘이 있기 때문입니다.

반도체 핵심 공급망을 장악한 미국

여기서의 힘은 군사력이 아니라 원천 기술, 장비, 소프트웨어 등 반도체 공급망의 핵심 요소들입니다. 한국이나 대만이 반도체 제조에 있어서는 강력한 영향력을 지니고 있지만, 이러한 제조 능력은 미국의 기술과 장비를 사용할 때에만 구현됩니다. 미국이 우방국에게까지 대중 제재 동참을 강요할 수 있는 원천이기도 하죠. 미국은 반도체 종주국입니다. 반도체 패권은 미국에서 일본으로, 그리고 일본에서 대만과 한국으로 이동했죠. 그렇기에 한국 기업들이 아무리 많은 개량 특허를 보유하고 있을지라도 원천 특허의 대부분은 미국 기업들이 갖고 있습니다.

소프트웨어 역시 마찬가지입니다. 제조 분야에서 미국의 패권이 과거의 일이라면 팹리스 등 설계 분야에서 미국의 패권은 현재 진행형입니다. 팹리스 파워가 강하다는 것은 반도체 설계와 관련된 대부분의 프로그램이 미국에서 개발되었다는 얘기이고요. 또 한국과 대만도 미국의 프로그램 없이는 반도체를 만들 수 없다는 의미입니다.

반도체 장비와 관련해서는 '소부장의 중요성'에서 살펴본 바와 같이 전 세계 반도체 공정 장비 가운데 42%를 미국 기업이 공급합니다. 우방국인 일본과 네덜란드의 협조만 얻어 낸다면 반도체 장비의 80%를 미국이 제어할 수 있다는 게 현실입니다.

미국의 대중 제재에도 불구하고 반도체 장비의 47%가 중국으로 팔린 것에 대해서는 어떻게 해석해야 할까요? 외면적으로 강력한 제재를 하고 있지만 현장에서는 미국의 반도체 장비가 중국으로 흘러 들어가는 것을 용인하고 있다는 뜻이 됩니다. 미국 반도체 장비 기업들의 로비 덕분이겠죠. 다음의 표들을 보면 미국 장비 업체들이 중국의 고객을 포기할 수 없는 이유를 쉽게 알 수 있습니다. 세계 반도체 장비 업체 순위 1위인 AMAT는 전체 매출의 32%가 중국에서 발생하고, 3위인 LAM 리서치는 매출의 37%가 중국에서 발생합니다.

2019년 일본 정부가 한국을 상대로 불화수소 등 핵심 소재에 대한 수출 통제를 했을 때도 삼성전자, SK하이닉스를 주 고객으로 하던 일본 소재의 업체들은 수출 제재를 풀어 달라고 지속적으로 정부에 요청했습니다. 나중에 수출 통제가 해제되었지만 그동안 일본 소재 기업들의 매출은 반 토막이 났습니다. 미국의 장비 업체들도 그러한 사실을 잘 알기에 정부의 정치적인 의도와는 상관없이 가장 큰 시장인 중국을 절대 포기해서는 안 되는 것이지요.

[표 82] AMAT 지역별 매출 비중(2024년 3분기)

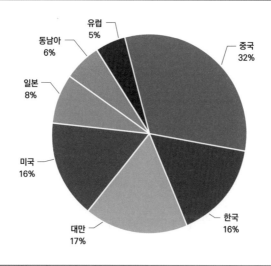

출처 : 미국 증권거래위원회

[표 83] LAM 리서치 지역별 매출 비중(2024년 3분기)

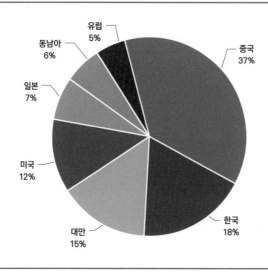

출처 : 미국 증권거래위원회

중국 정부는 미국이 중국을 압박할 수 있는 힘의 원천이 어디에 있는지 잘 알고 있습니다. 그래서 반도체 제조 능력의 자립만이 아니라 소재, 장비, 소프트웨어 등 반도체 기술 독립에 더욱 박차를 가하고 있는 것입니다. 한데 중국의 반도체 소재, 부품, 장비 자급화와 관련된 기사는 많이 나오지 않고 있습니다. 간간이 전해지는 소식들에 의하면 장비의 국산화 비율이 점차 높아지고 있다고 합니다.

그리고 중국은 태양광용 폴리 실리콘, 잉곳^{Ingot}, 웨이퍼 생산 1위 국가입니다. 태양광에 사용되는 폴리 실리콘 웨이퍼와 반도체에 사용되는 실리콘 웨이퍼의 차이는 다결정과 단결정의 차이입니다. 태양광 웨이퍼 기술을 개량해 반도체용 웨이퍼 기술을 확보하는 것이 충분히 가능하다는 얘기지요. 그렇다면 중국은 반도체 소재의 가장 핵심인 실리콘 웨이퍼의 국산화 가능성이 아주 높다고 할 수 있습니다. 현재 일본이 55%를 차지하고 있는 웨이퍼 시장에 격변이 일어날 수도 있겠습니다.

중국 반도체 굴기를 막는 미국의 전략

미국이 중국의 반도체 자립을 막기 위해, 실질적으로는 지연시키기 위해 어떠한 전략을 구사하고 있는지 본격적으로 살펴보도록 하겠습니다. 자신들이 갖고 있는 소프트웨어, 장비, 기술 등을 무기로 사용하는 것은 물론이지요.

대중 제재의 가장 상징적인 기업이 통신장비 업체인 화웨이입니다. 화웨이에 대한 제재는 2019~2020년 사이 총 4단계로 진행되었습니다. 이 과정을 보면 미국의 점진적 대응 전략의 윤곽을 그려 볼 수 있습니다. 참고로 통신장비에는 통신 칩, AD^{Analog-Digital} 컨버터^{Converter} 등 반도체가 많이 사용됩니다.

화웨이에 대한 첫 번째 제재는 2019년 5월에 시작되었습니다. 이때 미국이 취한 조치는 미국 제품의 수출 금지였습니다. 미국 기업이 생산한 반도체가 대상이었죠. 두 번째 조치는 2020년 5월에 이루어졌는데요. 미국 기술을 사용한 외국 제품의 수출 금지였습니다. 제재 범위가 우방국으로 확대되었습니다.

두 번째 제재가 발표된 지 불과 3개월 후인 2020년 8월, TSMC의 화웨이 7nm(나노미터) 칩에 대한 파운드리 서비스도 금지되었습니다. 미국의 반도체를 구매하지 못하자 화웨이가 직접 설계해 파운드리 업체인 TSMC를 통해 칩을 확보한다는 사실을 알게 된 것이죠.

마지막으로 2020년 10월, SMIC에 반도체 장비, 소프트웨어 수출을 금지했습니다. TSMC 대신 중국 파운드리 업체인 SMIC가 화웨이가 설계한 칩을 생산했기 때문입니다. 미국의 제재 덕분에 화웨이의 팹리스 역량과 SMIC의 파운드리 역량이 빠르게 높아지기 시작했습니다.

미국이 화웨이를 견제한 것은 자국의 통신 시스템을 중국이 장악할지도 모른다는 우려에서 비롯되었습니다. 화웨이에 대한 제재가 시작되기 직전인 2018년 전 세계 통신장비 시장의 31%를 화웨이가, 11%를 ZTE가 차지했습니다. 중국 기업의 점유율이 42%였죠.

　그뿐만이 아닙니다. 미국 내 중국 통신장비 점유율도 점점 높아지는 추세였고 2018년에는 최고치인 49.2%를 기록했습니다. 미국 통신 사업자들이 가성비가 높을 뿐만이 아니라 기존 장비와의 호환성 등의 매력을 지닌 중국 통신장비를 선호했기 때문입니다. 미국이 화웨이를 제재하지 않았으면 미국 내 중국 통신장비 점유율은 60% 이상까지 높아졌을지도 모릅니다. 당시 스웨덴의 에릭슨과 핀란드의 노키아는 하향세를 보이고 있었거든요.

　결과적으로 미국은 원하는 바를 달성했습니다. 화웨이에 대한 제재가 시작되기 전 49.2%까지 높아졌던 미국 통신장비 시장의 중국 점유율은 2022년 상반기에 19%까지 낮아졌습니다.

　미국이 화웨이를 제재한 방식은 메모리, 인공지능 칩 등 다른 제품에서도 유사하게 적용되고 있습니다. 먼저 미국 제품의 수출 금지, 미국의 기술을 사용한 우방국에서 생산한 제품의 판매 금지, 파운드리 기업에 대한 제재를 통해 직접 제조 금지 순으로 이어집니다.

　DRAM 관련된 내용을 정리해 보면 2018년 10월 1차로 푸젠진화JHICC에 대한 미국 제품, 장비, 기술 수출을 금지했습니다. 2022년 10월 2차로 반도체 제조 시설에 대한 통제가 이루어졌죠. 로직 16/14nm 이하, NAND 128단 이상, DRAM 18nm 이

하 제품 생산을 할 수 있는 장비를 대상으로 대중 수출이 금지되었습니다.

한편으로 우방국인 네덜란드 정부에도 압력을 가해 전 세계에서 유일하게 EUV 장비를 생산할 수 있는 ASML의 장비를 중국에 팔지 못하게 했습니다. 1차로 EVU 장비(2019년 12월), 그리고 2차로 DUV 장비 일부까지 확대되었습니다(2023년 7월).

최근에는 인공지능 칩의 대명사인 엔비디아 제품에 대한 수출 제재가 연속적으로 이루어지고 있습니다. 2022년 8월에는 A100, H100 칩의 수출을 금지했습니다. 그리고 2023년 10월에는 저사양 칩인 A800, H800의 수출도 금지했습니다. 그러자 엔비디아는 더욱 사양을 낮춘 H20을 중국 전용으로 개발해 판매하고 있습니다.

또한 2024년 11월에는 화웨이가 아닌 중국 기업에 대한 TSMC의 7nm 이하 파운드리 서비스를 금지했습니다. 화웨이가 다른 중국 기업을 통해 우회적으로 TSMC가 생산한 AI 칩을 확보하고 있기 때문이죠. 그리고 2024년 12월에는 엔비디아 칩에 필수적으로 탑재되는 HBM에 대한 전면적인 수출 금지가 발표되었습니다. 미국에서 제조한 제품만이 아니라 미국의 기술을 이용해 제3국에서 생산된 제품까지 포함하는 포괄적인 내용입니다.

이렇게 미국은 일정한 패턴의 전술을 구사하며 중국의 반도체 기술 독립을 막고 있습니다. 중국은 우회로를 찾고 미국은 새로운 제재를 통해 우회로를 막는 이 숨바꼭질이 언제까지 계속될까요?

[표 84] 전 세계 통신장비 시장점유율(2018년)

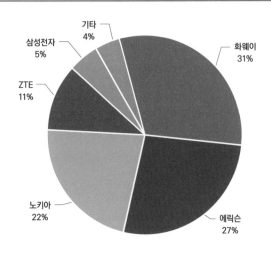

출처 : IHS 마킷

[표 85] 미국 내 중국 통신장비 점유율

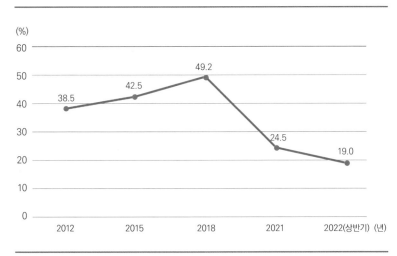

출처 : 한국무역협회

[표 86] 미국의 대중 반도체 제재 요약

시기	내용
2018년 10월	푸젠진화를 수출 제재 리스트에 포함
2018년 11월	마이크론의 DRAM 제조 기술 탈취 혐의로 푸젠진화 기소
2019년 5월	미국 제품의 화웨이 수출 금지
2019년 12월	ASML의 EUV 장비 대중국 수출 금지 발효
2020년 5월	미국 기술 사용한 외국 제품의 화웨이 수출 금지
2020년 8월	TSMC의 화웨이 7nm칩에 대한 파운드리 서비스 금지
2020년 10월	SMIC에 반도체 장비, 소프트웨어 수출 제재
2022년 8월	엔비디아의 AI용 GPU 칩 A100, H100 수출 금지
2022년 10월	반도체 제조 시설 수출 통제 (로직 16/14nm 이하, NAND 128단 이상, DRAM 18nm 이하)
2023년 7월	ASML의 DUV 장비 일부 수출 제한
2023년 10월	엔비디아의 AI용 GPU 저사양 칩 A800, H800 수출 금지
2024년 11월	중국 기업에 대한 TSMC의 파운드리 서비스 금지
2024년 12월	우방국에서 생산한 모든 종류의 HBM 수출 금지

출처 : 이주완

불붙은 TSMC 쟁탈전

팹리스 생태계는 강하지만 칩 제조 능력이 취약한 미국 입장에서 파운드리 1위인 TSMC^{Taiwan Semiconductor Manufacturing Company}는 매력적인 파트너입니다. 칩스법에 따른 TSMC의 보조금 규모를 확정한 날짜(2024년 11월 15일)가 미국 기업인 인텔(2024년 11월 26일)과 마이크론(2024년 12월 10일)보다도 빨랐죠.

지급 규모도 직접 보조금만 비교하면 TSMC 66억 달러, 인텔 78.6억 달러, 마이크론 61억 달러로 인텔 다음으로 많습니다. 인텔의 경우 애초에 약속했던 85억 달러에서 6.4억 달러나 줄었죠. 미국 정부가 TSMC 공장을 자국에 유치하기 위해 얼마나 공들이고 있는지 알 수 있는 대목입니다.

2021년 2월 인텔 CEO로 취임한 펫 겔싱어^{Pat Gelsinger}는 파운드리를 강화해 2030년까지 TSMC의 뒤를 이어 업계 2위에 올라서겠다고 했습니다. 만약 펫 겔싱어 회장의 계획이 차질 없이 진행되었다면 TSMC에 대한 미국의 의존도를 크게 낮출 수 있었겠죠. 그러나 현 시점에서 인텔의 파운드리는 실패로 결론이 났습니다.

결국 미국 정부는 TSMC를 잡는 것 외에는 당분간 대안이 없다는 사실을 인식한 듯합니다. 다만 민주당과 공화당의 정책 차이는 존재합니다. 바이든 행정부는 보조금이라는 당근을 통해 TSMC의 선단 공장을 미국 영토에 두려고 했고, 트럼프 행정부는 대만이 미국의 반도체 산업을 훔쳐 갔다며 압박하고 있죠.

TSMC가 미국에 공장을 짓는 이유

대만 정부 입장에서는 TSMC의 선단 공장을 미국에 건설하는 것이 반갑지만은 않습니다. 한국 경제에서 반도체 산업이 차지하는 중요성에 대해서는 이미 살펴보았는데요. 대만 경제에서 반도체가 차지하는 중요성은 한국보다도 더 큽니다.

한국 수출에서 반도체가 차지하는 비중은 가장 높을 때 18% 정도였고 2023년에는 13.6%에 불과했습니다. 그러나 대만 수출에서 반도체가 차지하는 비중은 2023년 36.7%였습니다. 반도체 다음으로 수출을 많이 하는 품목이 컴퓨터인데 고작 7.4%에 불과합니다.

만약 TSMC가 미국에 반도체 공장을 짓게 되면 세금의 일정 부분을 미국에 납부해야 합니다. 또 미국 정부의 보조금을 받았기 때문에 초과 이익 공유제가 적용됩니다. 초과 이익 공유제란 보조금을 받은 외국 기업이 기존 수익 전망치를 초과하면 수익의 일부를 미국 정부와 공유해야 한다는 것입니다.

결론적으로 대만 입장에서는 TSMC 공장이 대만에 있는 것이 경제적으로 유리합니다. 그러나 대만은 선단 기술이 국외로 유출되는 문제와 중국 관련 지정학적 문제에 대한 안전판 역할로 반도체를 이용하는 데 더 신경을 쓰고 있습니다.

최근 대만 정부는 반도체 공장 건설과 관련하여 'N-1 원칙'을 실시하고 있습니다. 대만 내 반도체 공정 수준이 해외 공장보다 1nm 이상 앞서 있어야 한다는 원칙인데요. 예를 들어 대만의 최신 공정이 2nm이면 해외 공장의 최신 공정은 3nm 이상이어야 합니다. 그런데 TSMC는 미국의 보조금을 받는 조건으로 아직 대만에서도 운영하고 있지 않은 2nm 공장 3개를 짓겠다고 약속했습니다. 물론, 완공 시점이 2028년이니 그 전에 대만에 2nm 공장을 완공할 수 있을 것입니다. 그럼에도 대만 정부의 입장에서는 불만일 수밖에 없습니다.

TSMC 미국 공장이 곤혹스러운 대만 정부

이와 관련한 대만 정부의 곤혹스러운 심정이 언론을 통해 고스

란히 전해졌습니다. 2024년 11월 9일 궈즈후이郭智輝 대만 경제부 장관은 자국 기술 보호를 위한 규정 때문에 TSMC는 해외에서 2nm 칩을 생산할 수 없다고 했습니다. 그러나 같은 달 27일 우청원 대만 국가과학기술위원회NSTC 장관은 기자회견에서 TSMC의 2nm 공정이 민주주의 우방 국가로 확산될 것인지에 대해 논의가 가능하다면서 한 발 후퇴한 듯한 발언을 했습니다. 우청원 장관의 발언으로 대만 내부에서 우려 섞인 이야기들이 나오자 다시 2nm 공정의 안정적인 대량 생산을 확인한 뒤에 외부 이전을 고려할 것이라고 말을 바꾸기도 했지요.

TSMC의 최신 공장을 해외에 짓는 것을 허락하지 않으려는 대만 정부의 원칙과 미국 트럼프 행정부의 강요 사이에서 명확한 입장을 정리하지 못하고 있는 모습입니다. 마치 대만과 미국이 TSMC의 최신 공장을 확보하기 위해 국가 차원의 전쟁을 벌이고 있는 양상이지요. 조심스러운 예측이지만 결국에는 미국이 대만의 안보를 확약하고 대만은 TSMC의 2nm 공장을 미국에 건설하는 것을 허락하는 정치적인 합의가 이루어지리라 봅니다.

일본이 TSMC 공장을 유치하는 이유

TSMC의 공장을 확보하려는 것은 대만과 미국만이 아닙니다. 일본 역시 막대한 보조금을 지급하며 TSMC의 공장을 자국에 유치하려고 하고 있습니다. 일본 반도체 수입의 62%가 대만이기 때문입니다.

TSMC는 2021년 소니와의 합작사인 JASM^{Japan Advanced} ^{Semiconductor Manufacturing}을 설립하고 일본 구마모토현에 2개의 공장을 건설 중이었는데요. 2024년 12월 첫 번째 공장이 완공되었습니다. 소니와 합작사이니 아마도 광학 제품 위주가 될 것 같습니다. 12월 완공한 1공장에서는 12, 16, 22, 28nm 공정 제품을 생산하게 됩니다. 일본 정부는 1공장 건설과 관련해 4,760억 엔(약 4조 2,000억 원)의 보조금을 지급했죠. 또한 구마모토현에 건설 중인 2공장은 2027년 완공 예정이며 6nm, 7nm 공정 제품을 생산할 예정입니다. 2공장에 일본이 지급한 보조금은 7,320억 엔(약 6조 5,000억 원)입니다. 현재까지 일본 정부가 TSMC에게 지급한 보조금은 10.7조 원에 달해 미국에서 받기로 한 66억 달러(약 9.4조 원)보다 많습니다. 다만 TSMC가 미국에 건설할 예정인 공장에서는 2nm의 가장 선단 공정 제품을, 일본의 공장은 6~28nm의 레거시 제품을 생산한다는 차이가 있습니다.

한편, 최근 일본 정부는 TSMC에게 3공장 건설을 요청했는데요. 세 번째 공장에서는 3nm의 선단 공정을 진행해야 한다는 단서를 달았습니다. 미국에 가려 언론 노출이 상대적으로 적었지만 TSMC를 쟁탈하기 위한 대만, 미국, 일본의 3파전이 진행 중입니다.

[표 87] 대만의 수출 상위 20개 품목(2023년)

순위	품목	수출 금액 (100만 달러)	수입 금액 (100만 달러)	수출 비중 (%)	수지 비중 (%)
1	전자 직접회로	152,398	83,742	36.7	132.1
2	자동 데이터 처리 기계	30,553	25,052	7.4	39.5
3	사무 기기	16,822	10,923	4.1	17.2
4	석유	12,706	6,745	3.1	10.6
5	통신용 전기 장치	12,501	5,285	3.0	8.3
6	저장 매체	6,485	4,476	1.6	7.1
7	레코딩 미디어	3,626	3,306	0.9	5.2
8	반도체용 장비	4,401	−19,037	1.1	−30.0
9	인쇄 회로	4,647	1,203	1.1	1.9
10	다이오드, 트랜지스터	4,590	1,774	1.1	2.8
11	나사, 볼트, 너트	4,252	3,990	1.0	6.3
12	자동차 부품	4,716	2,451	1.1	3.9
13	폴리아세탈, 기타 폴리에테르	3,630	2,775	0.9	4.4
14	전기 변압기	3,093	383	0.7	0.6
15	모터사이클용 부품	2,982	1,910	0.7	3.0
16	광학 요소	1,912	1,367	0.5	2.2
17	순환 탄화수소	2,010	−180	0.5	−0.3
18	스티렌 중합체	2,028	1,928	0.5	3.0
19	오실로스코프, 스펙트럼 분석기	1,964	−1,185	0.5	−1.9
20	평판 압연 철 또는 비합금강	2,469	1,726	0.6	2.7
	총계	414,808	63,409		

출처 : 한국무역협회

[표 88] 일본의 국가별 반도체 수출입(2023년)

순위	국가	수출 금액 (100만 엔)	수입 금액 (100만 엔)	수지 (100만 엔)	수입 비중 (%)
1	대만	942,881	2,490,449	−1,547,568	62.1
2	미국	135,662	299,404	−163,742	7.5
3	중국	966,939	245,701	721,238	6.1
4	한국	480,856	220,870	259,985	5.5
5	말레이시아	288,521	166,128	122,392	4.1
6	태국	196,084	150,219	45,865	3.7
7	싱가포르	101,153	127,736	−26,583	3.2
8	필리핀	99,513	88,134	11,379	2.2
9	독일	52,072	73,155	−21,082	1.8
10	이스라엘	418	39,448	−39,030	1.0
11	아일랜드	41	50,091	−50,050	1.2
12	프랑스	1,824	20,829	−19,005	0.5
13	인도네시아	16,505	10,110	6,395	0.3
14	벨기에	5,573	5,005	568	0.1
15	베트남	425,013	5,933	419,081	0.1
16	코스타리카	10,680	539	10,140	0.0
17	멕시코	19,720	2,035	17,685	0.1
18	영국	3,553	4,428	−875	0.1
19	오스트리아	642	1,537	−895	0.0
20	체코	4,426	3,182	1,243	0.1

출처 : 한국무역협회

미국은 과연 기회의 땅일까?

미국은 막대한 보조금을 지급하면서까지 반도체, 2차전지 등 해외 기업의 생산 시설을 자국에 유치하고 있습니다. 팬데믹, 전쟁, 무역 분쟁 등 다양한 상황에서도 핵심 분야의 공급망을 안정적으로 구축하고 싶어서이겠지요.

반도체 분야에서는 대만, 미국, 한국의 기업들이 주 대상입니다. 이미 확정 지은 기업들이 받게 될 보조금 규모가 각각 60억 달러 이상입니다. 달러 강세가 지속됨에 따라 대만과 한국 기업들이 보조금을 자국 화폐로 환산할 경우 금액은 점점 커지고 있는 상황이지요. 직접 보조금 외에도 미국은 저금리의 은행 대출, 세금 공제 등 다양한 당근책을 구사하며 전 세계의 반도체 기업들을 유인하고 있는데요. 어차피 공장을 건설해야 하는 기업 입장에서는 매력적일 수도 있겠습니다. 근시안적인 시각으로 본다면 말이죠.

미국의 칩스법이 상하원을 통과했을 때 필자는 방송에서 삼성전자나 SK하이닉스는 보조금 신청을 하지 않는 편이 좋겠다고 얘기했던 기억이 납니다. 당장 팹 건설비 일부를 돌려받으니 재정적인 부담을 덜 수는 있겠습니다. 그러나 한번 지으면 20~30년 운영해야 하는 공장을 장기적인 전략 수립 없이 미국에 지을 수는 없다는 논지였습니다. TSMC 쟁탈전을 다루면서 미국의 보조금을 받게 되면 수익의 일정 부분을 공유해야 한다는 점을 말했습니다. 중국에서 운영 중인 공장의 경우 설비 확충을 연간 5% 이내로 해야 한다는 독소조항에 대해서도 이야기했고요. 그리고 추가로 중국 기업들과 R&D를 함께해서는 안 된다는 조항도 있습니다.

미국 반도체 기업이 미국을 선호하지 않는 이유

초기 투자 금액 일부를 지원받을 수 있는 보조금을 제외하고 기본적인 기업 전략 관점에서 미국에 반도체 공장을 운영하는 것이 과연 좋은 선택지일까요? 미국이 반도체 생산기지로 매력이 있다면 그동안 왜 미국 기업들에게조차 외면받았을까요?

[표 89]는 2003년부터 2024년까지 미국 반도체 기업들의 해

외 공장 진출 내역을 보여 줍니다. 2018년까지 인텔, 마이크론, TI가 6개의 반도체 공장을 중국에 건설했습니다. 심지어 미국의 대중국 제재가 정점을 향해 갔던 2024년에도 마이크론은 중국에 새로운 공장을 건설했죠.

[표 89] 미국 반도체 기업의 해외 공장 건설

시기	기업	국가	비고
2003년	인텔	중국	패키지, 테스트
2005년	인텔, 마이크론	싱가포르	플래시 메모리
2006년	인텔	베트남	패키지
2007년	인텔	중국	NAND 1
2007년	TI	중국	아날로그 반도체
2010년	인텔	중국	로직, NAND
2010년	TI	중국	패키지
2011년	마이크론	싱가포르	DRAM, NAND
2016년	마이크론	대만	DRAM
2018년	인텔	중국	NAND 2
2021년	인텔	말레이시아	패키지
2023년	글로벌 파운드리	말레이시아	중앙통제센터
2023년	글로벌 파운드리	싱가포르	파운드리
2023년	글로벌 파운드리	프랑스	파운드리
2023년	마이크론	인도	패키지
2023년	앰코	베트남	패키지
2024년	마이크론	일본	DRAM
2024년	마이크론	중국	패키지, 테스트

출처 : 언론 종합

다만 2022년부터 레거시 공정을 제외한 대부분의 선단 공정을 진행할 수 있는 반도체 장비의 중국 반입이 금지되자 마이크론은 이를 피하기 위해 패키지 및 테스트 공장을 짓습니다. 중국을 제외하더라도 인텔, 마이크론, TI, 글로벌 파운드리 등 메모리, 비메모리, 파운드리 구분 없이 미국보다는 대만, 일본, 싱가포르, 베트남, 말레이시아, 프랑스, 인도 등 해외 공장을 선호합니다. 미국 반도체 기업들이 미국을 선호하지 않는 이유가 분명히 있습니다.

가장 큰 이유는 인건비입니다. [표 90]과 [표 91]에 미국과 다른 나라의 중간 소득median income이 나오는데요. 미국을 100이라고 했을 때 중국은 11.8입니다. 인도는 5.5에 불과하죠. 베트남도 17.4밖에 안 됩니다. 심지어 선진국인 프랑스도 73.3 정도이고, 한국도 비슷한 69.8입니다. 소득과 임금이 어느정도 비례한다고 보면, 한국 기업이 미국에 공장을 운영하면 한국에서 운영할 때보다 연간 인건비가 43.3% 증가한다는 얘기입니다. 한국 공장을 기준으로 해야 하므로 30.2%가 아닙니다. 그런데 미국 공장의 생산성이 한국보다 43.3% 높을 리는 절대 없죠.

삼성전자 매출에서 판매관리비가 차지하는 비율은 28% 정도 되는데요. 판매관리비의 대부분은 인건비입니다. 따라서 생산성이 동일하다고 했을 때 미국 공장의 연 매출이 10조 원이면 한국 공장의 인건비는 2.8조 원이 되고, 미국 공장의 인건비는 4조 원이 되죠. 차액은 1.2조 원입니다. 7년 동안 추가 발생하는 인

[표 90] 국가별 중간 소득 수준(2018년)

국가	중위권 임금(USD)	미국 대비(%)
미국	68.4	100
독일	59.4	86.8
프랑스	50.1	73.3
한국	47.7	69.8
영국	46.3	67.7
태국	12.9	18.8
베트남	11.9	17.4
중국	8.1	11.8
인도	3.7	5.5

출처 : OWID(Our World in Data)

[표 91] 국가별 중간 소득(2018년)

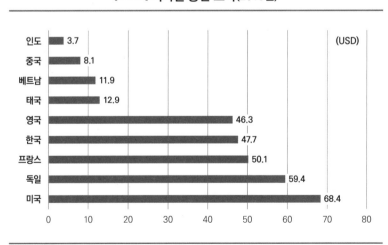

출처 : OWID

04 | 미국은 과연 기회의 땅일까?

건비가 미국에서 받는 보조금보다 많아집니다. 만약 미국 공장의 연 매출이 20조 원이면 3년 반 만에 보조금에 해당하는 추가 비용이 발생하게 되고요. 다만, 이것은 미국 반도체 공장과 한국 반도체 공장의 생산성이 동일하다고 가정했을 때의 추정치입니다. 하지만 미국 공장에 1년 동안 파견 나갔던 전 동료의 이야기를 들어 보면 미국 반도체 공장의 생산성은 한국의 70%도 안 될 듯합니다.

또한 위의 모든 계산은 공장 가동률과 수율이 한국과 같은 100% 근접한 수준을 유지했을 때의 값인데요. 일감이 없어 공장을 놀린다면 미국의 공장은 말 그대로 돈 먹는 하마가 되는 것이죠. 실제로 2024년 9월, 삼성전자는 일감이 없어 미국 파운드리 공장 건설에 파견한 직원들 가운데 절반 이상을 철수시키기도 했습니다. 인텔 역시 독일과 폴란드에 계획했던 파운드리 공장 건설을 일시 중단했습니다. 인건비 외에도 전기료, 수도 사용료, 환경 부담금 등까지 고려하면 미국 공장의 매력은 뚝 떨어집니다.

미국 기업들이 해외에 공장을 짓는 이유

미국 기업들이 반도체 공장을 해외에 지으려고 하는 이유는 또 있습니다. 팹리스 강국으로만 생각했던 미국의 반도체 수출입 동향을 보면 수출이 수입보다 많습니다. 2023년 미국의 반도체 수출은 436억 달러로 한국의 50.6% 정도 됩니다. 수출이 많다는 것은 고객이 해외에 더 많다는 얘기이고, 굳이 미국에 공장을 지을 유인이 적다는 의미도 되지요. 인건비가 더 비싼 미국에서 반도체를 생산해 운송료와 관세를 지불하고 다시 해외로 수출하는 것은 기업 입장에서 수지타산이 맞지 않습니다.

이러한 상황은 한국과 대만도 마찬가지입니다. 한국의 반도체 수출을 국가별로 분석해 보면 중국(중국과 홍콩)이 57.7%, 대만과 싱가포르를 포함한 중화권 전체가 73.1%, 삼성전자의 휴대폰 공장이 있는 베트남을 포함하면 86.8%입니다. 대만도 비슷한 상황인데요. 중국, 홍콩, 싱가포르 등 중화권 수출이 66.9%, 여기에 인접국인 한국과 일본을 포함하면 83%입니다. 반면 한국의 반도체 수출에서 미국이 차지하는 비중은 0.8%에 불과하고, 대만 역시 미국으로의 수출 비중은 2.1%입니다. 결국, 미국에 반도체 공장을 지어 봐야 대부분의 제품은 다시 한국과 대만의 인접국으로 수출해야 합니다. 1만 킬로미터의 거리를 비행기로 운반해서 말이죠.

미국에서 받은 보조금은 기껏해야 3~4년 인건비 차액이면 모두 사라져 버리는데 30년 동안 이처럼 비효율적인 공장을 운영하면 망하지 않을까요? SK하이닉스가 1998년 미국 오리건 주에 있는 유진Eugene에 건설했던 메모리 공장을 왜 10년 만에 매각했는지 곰곰이 생각해 봐야 합니다.

[표 92] 미국의 국가별 반도체 수출입(2023년)

순위	국가	수출 금액 (100만 달러)	수입 금액 (100만 달러)	수지 (100만 달러)	수출 비중 (%)	수지 비중 (%)
1	멕시코	11,970	1,686	10,284	27.5	4.7
2	중국	5,134	1,818	3,316	11.8	5.1
3	대만	4,757	7,281	-2,523	10.9	20.3
4	말레이시아	4,022	9,619	-5,597	9.2	26.9
5	한국	2,204	2,383	-178	5.1	6.7
6	필리핀	1,508	1,370	137	3.5	3.8
7	캐나다	1,194	277	917	2.7	0.8
8	독일	1,083	722	362	2.5	2.0
9	싱가포르	1,020	490	530	2.3	1.4
10	태국	848	1,810	-962	1.9	5.1
11	이스라엘	760	2,073	-1,314	1.7	5.8
12	아일랜드	732	1,693	-961	1.7	4.7
13	베트남	634	1,700	-1,066	1.5	4.8
14	일본	496	1,026	-530	1.1	2.9
15	영국	384	63	321	0.9	0.2
16	프랑스	362	145	217	0.8	0.4
17	코스타리카	223	1,098	-874	0.5	3.1
18	오스트리아	24	102	-78	0.1	0.3
19	포르투갈	8	42	-35	0.0	0.1
20	몰타	5	80	-75	0.0	0.2
	총계	43,557	35,785	7,772	100.0	100.0

출처 : 한국무역협회, 이주완

[표 93] 한국의 국가별 반도체 수출입(2023년)

순위	국가	수출 금액 (100만 달러)	수입 금액 (100만 달러)	수지 (100만 달러)	수출 비중 (%)
1	중국	33,179	16,817	16,361	38.5
2	홍콩	16,480	954	15,526	19.1
3	대만	8,987	17,283	−8,297	10.4
4	베트남	11,852	275	11,576	13.8
5	싱가포르	4,306	2,927	1,378	5.0
6	인도	1,912	5	1,907	2.2
7	필리핀	1,576	807	768	1.8
8	말레이시아	1,843	2,057	−214	2.1
9	미국	716	2,490	−1,775	0.8
10	브라질	852	1	850	1.0
11	일본	1,145	5,059	−3,914	1.3
12	태국	668	813	−145	0.8
13	인도네시아	439	70	368	0.5
14	폴란드	394	1	393	0.5
15	독일	349	811	−462	0.4
16	멕시코	260	36	223	0.3
17	프랑스	204	479	−276	0.2
18	포르투갈	116	19	96	0.1
19	네덜란드	107	23	84	0.1
20	몰타	166	99	67	0.2

출처 : 한국무역협회, 이주완

[표 94] 대만의 국가별 반도체 수출입(2023년)

순위	국가	수출 금액 (100만 달러)	수입 금액 (100만 달러)	수지 (100만 달러)	수출 비중 (%)
1	중국	43,196	15,784	27,412	28.3
2	홍콩	39,505	49	39,457	25.9
3	싱가포르	19,197	3,603	15,594	12.6
4	한국	10,402	15,359	-4,958	6.8
5	일본	14,193	6,616	7,577	9.3
6	말레이시아	7,932	3,509	4,424	5.2
7	미국	3,160	4,447	-1,287	2.1
8	베트남	2,504	805	1,699	1.6
9	인도	1,763	3	1,760	1.2
10	태국	2,188	1,060	1,127	1.4
11	필리핀	2,515	976	1,540	1.7
12	멕시코	570	347	223	0.4
13	독일	1,540	1,986	-445	1.0
14	인도네시아	322	24	298	0.2
15	네덜란드	465	49	415	0.3
16	벨기에	604	13	591	0.4
17	이스라엘	301	90	210	0.2
18	브라질	191	1	190	0.1
19	포르투갈	142	44	98	0.1
20	프랑스	229	836	-608	0.2

출처 : 한국무역협회, 이주완

반도체 패권전쟁

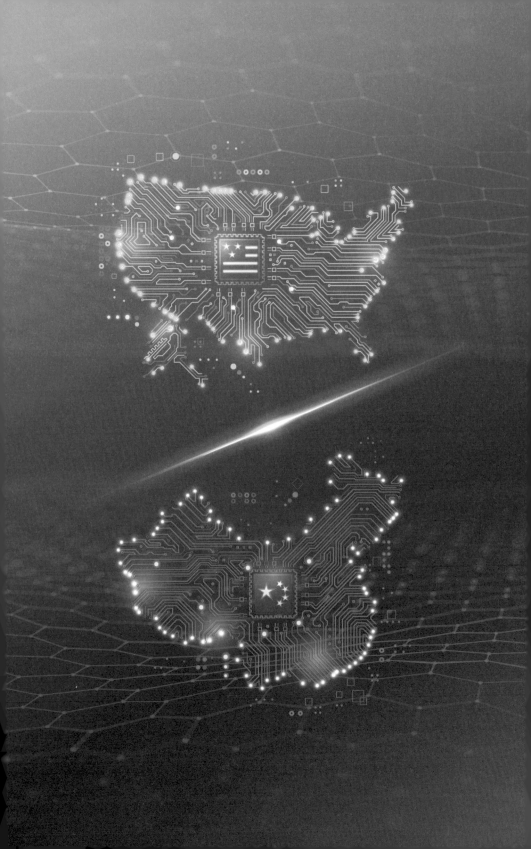

10년 후
한국 반도체가
살아남으려면

고객 포트폴리오 다변화

한국 반도체는 기술 수준이나 양산 능력으로, 또한 연구, 생산 등 인력의 우수성으로도 충분히 반도체 패권을 지킬 능력이 있습니다. 그러나 현재의 역량이 10년 후의 생존으로 이어지기 위해서는 이것만으로는 부족합니다. 몇 가지 선행 조건이 필요합니다.

한국 반도체가 10년 후 살아남기 위한 첫 번째 조건은 특정 고객에 대한 의존도를 낮추는 것입니다. 여기서 고객이란 개별 기업을 뜻하는 것이 아니라 지역과 국가를 지칭합니다. 한국의 반도체 산업이 중국에 지나치게 많이 의존하고 있다는 언론 보도는 새로운 소식이 아닙니다. 지금부터 한국 반도체가 지속 가능한 비즈니스 모델을 확립하기 위하여 반드시 달성해야 할 고객 포트폴리오 분산에 대해 구체적인 데이터를 통해 살펴보려고 합니다.

반도체는 구체적인 제품이 아니기에 분류 체계를 세분화해 각 품목의 고객 분포를 분석해 보았습니다. 현지 생산에 대한 데이터는 수출만큼 구체적인 수치를 확인할 수 없으므로 수출 분석을 통해 지역별 고객 포트폴리오 분석을 대체했습니다.

한국 반도체의 높은 중화권 수출 의존도

모든 반도체 품목을 분석할 수는 없으니 수출 비중이 가장 높은 6개를 선정해 중화권(중국, 홍콩, 대만, 싱가포르) 의존도를 계산했습니다. 또한 수출 비중 Top 3, Top 5 국가의 합산 점유율을 통해 고객 과점도를 평가했습니다. 마지막으로 반도체 전체, 메모리, 비메모리 등에 대한 분석도 추가로 진행했습니다.

가급적 구체적인 품목에 대해 분석하기 위해 국제 무역 코드상의 세분류 기준으로 대상을 선정했습니다. 국제 무역 코드는 대분류(HS 2단계), 중분류(HS 4단계), 소분류(HS 6단계), 세분류(HS 10단계) 등으로 구성됩니다. 한국무역협회는 한국이라는 의미에서 HS 뒤에 K^{Korea}를 붙여 HSK 코드를 사용합니다. 원래 반도체는 중분류인 HSK 8542이므로 세분류의 코드 번호가 HSK 8542로 시작됩니다. 그런데 DRAM 모듈 품목의 경우 분명한 반도체 제품이고 수출 규모도 크기 때문에 분석에 포함시켰습니다. DRAM 모듈의 코드 번호는 HSK 8473304060인데요. HSK 8473은 컴퓨터, 계산기, 휴대폰 부품에 사용되는 코드입니다. 아마도 DRAM 모듈은 컴퓨터 부품으로 분류되는 것 같습니다.

분석 결과, 예상했던 대로 반도체 전 품목의 중화권 의존도와 고객 과점도가 높게 나타났습니다. 반도체 전체의 중화권 의존도는 74.4%이고 수출 대상 상위 3개국 의존도, 즉 Top 3 과점도는 71.2%, Top 5 과점도는 88.4%나 됩니다. 한국 반도체 고객 포트폴리오가 매우 취약하다는 얘기지요. 참고로 미국의 경우 중화권 의존도 26.8%, Top 3 과점도 48.8%, Top 5 과점도 68.1%로 한국에 비해 고객 분포가 다양합니다. 수출 1위인 멕시코의 비중이 23.4%, 2위인 중국은 16.3% 정도에 불과합니다.

고객 포트폴리오 분산이 잘 되어 있다는 것은 일부 국가에 경기 침체, 전쟁, 지진 등 경제에 큰 영향을 줄 수 있는 사건이 벌어져도 반도체 산업에 미치는 영향은 제한적이라는 의미로 해석할 수 있습니다.

품목별 중화권 의존도

한국의 경우 특정 국가에 대한 편중도가 가장 심한 품목은 플래시 메모리입니다. 플래시 메모리는 NAND와 NOR를 합친 것인데요. 현재는 대부분의 제품이 NAND라고 생각하면 되겠습니다.

플래시 메모리의 중화권 의존도는 94.5%, Top 3 과점도 93.4%, Top 5 과점도 97.3%입니다. 더 큰 문제는 중국 비중이 홍콩을 포함해서 89.6%라는 데 있습니다. 한국 반도체 수출 혹은 기업의 실적이 중국 경제 성장률의 영향을 크게 받는 이유입니다.

플래시 메모리만이 아니라 대부분 품목의 고객 쏠림 현상이 심한 편입니다. 그나마 중화권 의존도가 낮은 품목은 비메모리(프로세서와 컨트롤러)와 DRAM 모듈 정도에 불과합니다. 프로세서와 컨트롤러의 경우 중화권 의존도는 62.7%로 메모리 제품에 비해 낮은 편인데요. Top 3 과점도와 Top 5 과점도 역시 66.1%, 81.6%로 비교적 높지 않습니다. 프로세서와 컨트롤러의 중화권 의존도가 낮은 이유는 삼성전자의 AP 등 로직 제품들이 주로 자사의 휴대폰 공장이 있는 베트남으로 수출되기 때문입니다. 다음으로 DRAM 모듈의 경우 중화권 의존도는 37.4%로 가장 낮지만 Top 3, Top 5 과점도가 높습니다. 이유는 수출 대상 1위국에 대한 의존도가 높기 때문입니다. DRAM 모듈의 49.6%가 미국으로 수출됩니다. 중국 대신 미국에 대한 의존도가 지나치게 높은 것이 DRAM 모듈의 리스크 요인입니다. 미국의 고高관세 정책이 실현되면 가장 타격이 높은 품목이죠. 일차적으로는 중국이 관세 대상이 될 것으로 예상하지만 모든 국가로 확대될 가능성을 배제할 수는 없습니다.

결론적으로 한국 반도체가 10년 후에도 살아남으려면 반드시 고객 포트폴리오의 다변화가 필요합니다. 현재의 고객 포트폴리오 구성으로는 중국의 경제 불황이나 대중 무역 제재 등 문제가 발생했을 때 반도체 기업만이 아니라 한국 경제 전체가 큰 타격을 피할 수 없습니다. 기존 고객을 대체할 새로운 고객을 확보하는 것은 쉬운 일이 아닐뿐더러 단시간에 해결할 수 있는 문제도 아닙니다. 그렇기에 최소한 10년 정도 중장기 전략을 세워 차근차근 변화시켜 나가야 합니다.

경제 전략에 정답은 없습니다. 그렇지만 미국의 사례를 참조한다면 중화권 의존도는 50% 이내, Top 3 과점도는 55% 이내, Top 5 과점도는 70% 아래로 관리하는 것이 좋을 것 같습니다. 특히, 플래시 메모리와 같이 특정 국가 의존도가 80%가 넘는 상황은 10년이 아니라 2~3년 이내에 빠르게 해결해야 합니다.

[표 95] 반도체 고객 포트폴리오 제안

출처 : 이주완

[표 96] 반도체 품목별 수출 비중(2024년 11월)

코드	분류	품목	수출 (100만 달러)	수출 비중 (%)
HSK 8542	반도체	반도체	108,517	100.0
HSK 8542323000	반도체	복잡구조칩 집적회로	32,798	30.2
HSK 8542311000	반도체	모노리식(monolithic) 집적회로	24,257	22.4
HSK 8542321010	반도체	DRAM	19,240	17.7
HSK 8473304060	컴퓨터 부품	DRAM 모듈	13,910	12.8
HSK 8542321030	반도체	플래시 메모리	7,013	6.5
HSK 8542314000	반도체	복합부품 집적회로(MCOs)	5,557	5.1
		기타 반도체	19,652	18.1

출처 : 한국무역협회, 이주완

[표 97] 반도체 품목별 수출 과점도(2024년 11월)

코드	품목	중화권(%)	TOP 3(%)	TOP 5(%)
HSK 8542	반도체	74.4	71.2	88.4
HSK 854232	메모리	81.5	81.1	93.3
HSK 854231	비메모리	62.7	66.1	81.6
HSK 8542323000	복잡구조칩 집적회로	86.0	85.8	93.9
HSK 8542311000	모노리식 집적회로	69.1	68.3	83.3
HSK 8542321010	DRAM	76.4	89.6	97.5
HSK 8473304060	DRAM 모듈	37.4	80.0	88.5
HSK 8542321030	플래시 메모리	94.5	93.4	97.3
HSK 8542314000	복합부품 집적회로	42.7	77.5	91.5
HS 8542	미국 반도체	26.8	48.8	68.1

출처 : 이주완

[표 98] **메모리 중국 의존도**

출처 : 한국무역협회, 이주완

[표 99] **비메모리 중국 의존도**

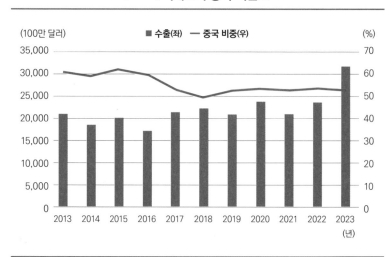

출처 : 한국무역협회, 이주완

6장 10년 후 한국 반도체가 살아남으려면

[표 100] 복잡구조칩 집적회로 국가별 수출 비중(2024년 11월)

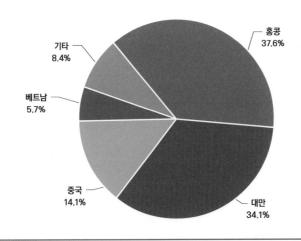

출처 : 한국무역협회, 이주완

[표 101] 모노리식 집적회로 국가별 수출 비중(2024년 11월)

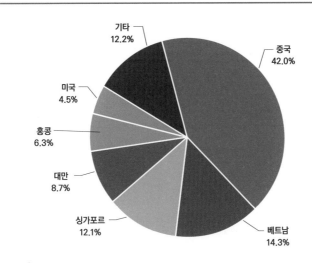

출처 : 한국무역협회, 이주완

[표 102] DRAM 국가별 수출 비중(2024년 11월)

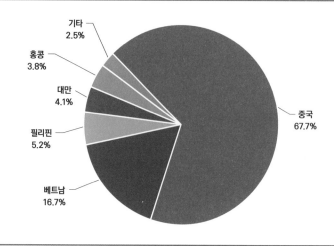

출처 : 한국무역협회, 이주완

[표 103] DRAM 모듈 국가별 수출 비중(2024년 11월)

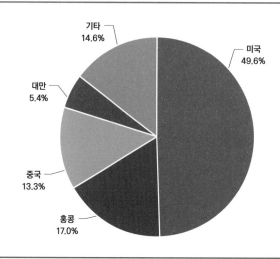

출처 : 한국무역협회, 이주완

[표 104] 플래시 메모리 국가별 수출 비중(2024년 11월)

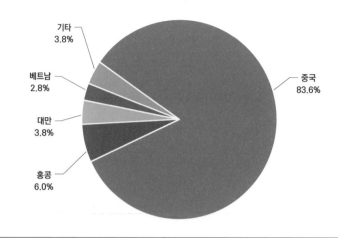

기타
3.8%

베트남
2.8%

대만
3.8%

홍콩
6.0%

중국
83.6%

출처 : 한국무역협회, 이주완

[표 105] 복합부품 집적회로 국가별 수출 비중(2024년 11월)

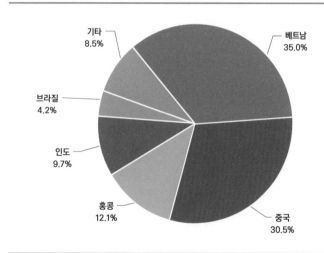

기타
8.5%

브라질
4.2%

인도
9.7%

홍콩
12.1%

베트남
35.0%

중국
30.5%

출처 : 한국무역협회, 이주완

01 | 고객 포트폴리오 다변화

제품 믹스의 중요성

10년 후 한국 반도체가 살아남기 위한 두 번째 조건은 제품 믹스의 다양화입니다. 앞에서 몇 차례 다루었지만 반도체는 곧 디지털입니다. 이 말은 세상에 존재하는 모든 디지털 제품에는 반도체가 들어 있다는 뜻입니다. 과거 한 통신사 광고에 등장했던 'ubiquitous(어디에나 있는)'라는 단어가 생각나는데요. 디지털 시대에는 'Semiconductor is Ubiquitous', 다시 풀어 쓰면 'Semiconductor is Everywhere'가 통용되겠지요.

우리 일상 모든 곳에 디지털 기기가 있다면 그 제품 안에 들어가는 반도체는 누가 만들고 있을까요? 스마트폰, 컴퓨터, 기업의 데이터센터, 외장하드 등에는 당연히 한국 기업들이 만든 메모리와 일부 AP가 들어가 있을 겁니다. 또 디지털 카메라와 자동차에도 일부 들어 있겠지요.

하지만 반도체로 구현되는 다양한 디지털 세상에서 컴퓨터와 휴대폰 등 일부 제품을 제외하면 한국 기업들이 만든 칩은 아주 소량만 사용될 것입니다. 우리나라가 반도체 시장 전체에서 25% 정도만 차지하는 메모리에 집중하고 있기 때문이죠. 그리고 컴퓨터와 저장 장치를 제외하면 메모리는 최소한의 용량만 필요로 합니다.

비메모리 반도체의 중요성에 대해서는 '변동성과 항상성의 비밀'에서 자세히 다루었기 때문에 여기서는 조금 다른 각도에서 이야기를 풀어 보겠습니다.

메모리 시장의 변동성을 제어할 제품 다양성 전략

메모리 반도체는 농사로 비유하면 천수답天水畓에 해당합니다. 천수답은 저수지나 지하수 펌프 등의 관개 시설이 없어서 물을 오로지 빗물에만 의존하는 형태의 논을 말하지요. 홍수가 나면 농작물이 침수되고 가뭄이 들면 농작물이 타 버리지만 손쓸 수 없습니다.

메모리 시장은 가격 변동에 의해 기업 실적이 크게 영향을 받는데요. 가격 변동은 개별 기업이 제어할 수 있는 변수가 아닙니다. 가격은 수요와 공급에 의해 시장에서 결정되는데, 수요도 공급도 하나의 기업이 결정할 수 없습니다. 다행히 가격이 오르면 좋고, 반대로 가격이 폭락해도 딱히 방법이 없기 때문에 천수답의 성격을 띠고 있습니다.

반도체가 지속 가능한 사업이 되어야 10년 후에도 살아남을 수 있습니다. 그러려면 제품 믹스의 다양화를 통해 특정 제품의 가격이 기업 전체의 운명을 좌우하지 못하게 해야만 합니다. '변동성과 항상성의 비밀'에서 제시했던 반도체 포트폴리오 비율을 기억하나요. 메모리 40%, 로직 IC 30%, 광학과 센서 20%, 아날로그 10%였지요. 한국 기업들의 사업 포트폴리오가 이 비율을 달성했을 때 경기 사이클이 어떻게 변하는지 분석해 보았습니다. [표 106]에 메모리와 비메모리 전체, 그리고 『반도체 패권전쟁』에서 제시하는 포트폴리오, 이 세 가지의 경기 사이클(혹은 변동성 사이클)을 함께 그려 보았습니다. 단, 반도체 시장 전체 사이클은 무의미해서 뺐습니다.

메모리 비중을 40%로 높였기 때문에 비메모리에 비해 변동성이 다소 큽니다. 전체적으로는 호황기 메모리의 고성장과 불황기 비메모리의 안정성을 두루 갖춘 모델로 평가할 수 있습니다. 포트폴리오를 제시할 때 메모리 비중을 40%로 높게 책정한 것은 메모리 비중이 90% 이상인 현실을 반영해서입니다. 메모리가 주된 사업인 기업이 메모리 비중을 20%로 낮추는 것은 비현실적이니까요.

[표 106] **적정 포트폴리오 경기 사이클**

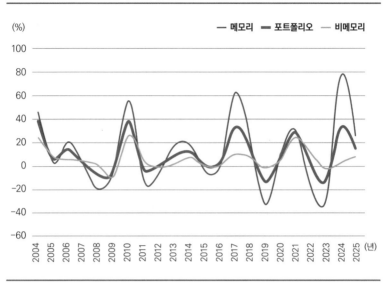

출처 : 이주완

삼성전자와 하이닉스의 10년 미래 전략

이상적인 포트폴리오를 만들기 위해서는 마땅히 기업별로 각자 사정에 맞는 튜닝이 필요할 것입니다. 그리고 10년 후에도 한국이 반도체 패권전쟁에서 굳건히 우위를 차지하기 위해서는 반드시 제품 믹스의 변화가 필요합니다. 선택이 아니라 필수라고 말하고 싶습니다.

아쉽게도 삼성전자나 SK하이닉스가 발표한 중장기 투자 계획에 포트폴리오 재편에 대한 이야기는 나오지 않습니다. SK하

[표 107] 삼성전자, SK하이닉스 중장기 투자 계획

항목	삼성전자	SK하이닉스
명칭	반도체 비전 2030	반도체 상생 클러스터
기간	2020~2030년	2022~2032년
분야	비메모리	메모리(DRAM/차세대)
설비 투자	60조 원+38조 원	120조 원 + 기반 시설 1.6조 원
R&D 투자	73조 원	-
인력 채용	15,000명	15,000명 + 입주사 4,000명
참여 기업 수	-	50개 이상
협력사 지원	설계 관련 IP	10년간 1조 2,200억 원 (상생 펀드, 공동 R&D)
인프라 확충	-	클러스터 조성 135만 평(용인)

출처 : 언론 종합, 각 기업 홈페이지

이닉스는 전적으로 메모리에 초점이 맞추어져 있고, 삼성전자는 비메모리에 초점이 맞추어져 있지만 내용을 들여다보면 비메모리가 아니라 파운드리 사업을 하겠다는 얘기에 불과합니다. 둘의 차이는 앞에서 설명했습니다.

미래의 생존을 위해 포트폴리오 재편이 필요하다지만 메모리 기업이 비메모리 분야의 사업들을 추진할 때 잘할 수 있을지에 대한 궁금증과 우려가 있습니다. [표 108]에 나름대로 메모리 기업이 비메모리 사업에 뛰어들 때의 SWOT(Strength[강점], Weakness[약점], Opportunity[기회], Threat[위협]) 분석을 했습니다.

[표 108] 한국 반도체 비메모리 SWOT 분석

강점(S)	약점(W)
• 구축되어 있는 반도체 산업 전후방 인프라 • 메모리에서 축적된 기술력과 양산 능력 • 모바일, 디스플레이 등 풍부한 자체 수요 • 정부의 적극적인 정책 지원	• 설계, 구조, 물성 등이 메모리와 다름 • 다품종 소량 생산 특성 → 대량 생산에 최적화 된 기존 메모리 시설과 인력 부적합 • 비메모리 분야에서의 낮은 인지도 • 국내 취약한 설계 능력(팹리스 생태계)
기회(O)	위협(T)
• 메모리보다 3배 큰 비메모리 시장 개척 • 4차 산업혁명 시대, 비메모리 수요 증가 • 시스템/메모리 단일 칩 시대를 미리 준비	• 비메모리 업체들이 공정 미세화 앞서 있음 • 비메모리 업체들이 메모리 직접 생산 추진 • 비메모리 관련 특허 분쟁 위험 • 중국의 반도체 굴기

출처 : 이주완

SWOT 분석표를 보면 확실히 쉽지 않다는 것을 다시 확인할 수 있습니다. 그럼에도 불구하고 한국 기업들이 이미 보유하고 있는 강점들을 충분히 살리고 HBM으로 벌어들인 자금을 인수·합병에 잘 활용한다면 약점을 보완해 비메모리도 잘할 수 있다고 생각합니다.

| 03 |

SW 능력을 키워라

AI 칩 시장에서 엔비디아의 독주가 얼마나 지속될 것이냐는 질문에 대해 가장 많이 언급되는 단어가 'CUDA^{Compute Unified Device Architecture}'입니다. CUDA는 GPU에서 수행하는 알고리즘을 산업 표준 언어를 사용하여 작성할 수 있도록 도와주는 기술입니다.

프로그래머가 AI 칩의 알고리즘을 작성하려면 복잡한 언어를 새로 배워야 하는데요. CUDA 플랫폼을 사용하면 C, 파이썬, 펄, 포트란, 자바 등 일반적으로 프로그래머들이 사용하는 표준 언어를 사용해 AI 알고리즘을 작성할 수 있죠. 그런데 CUDA는 엔비디아의 GPU 칩과 드라이버 환경에서만 작동합니다. 따라서 프로그래머들이 CUDA의 편리성을 이용하려면 반드시 엔비디아의 칩셋을 사용할 수밖에 없습니다. 즉, HW 측면에서 더 싸고 우수한 다른 AI 칩이 등장하더라도 SW의 편리성 때문에 사용자들은 엔비디아를 택할 거라는 논지입니다.

엔비디아가 GPU 프로그램 언어 생태계를 선점했기 때문에 이미 많은 개발자가 CUDA를 사용해 AI 알고리즘을 작성해 왔습니다. 한데 갑자기 다른 회사의 AI 칩을 사용하면 어떻게 될까요? 새로운 언어를 배워야 하는 난감한 상황에 처하는 거죠. 2024년 7월, 프랑스 당국이 엔비디아의 반독점법 위반에 대한 제재를 검토하면서 HW인 칩셋보다 프로그래밍 소프트웨어인 CUDA의 독점적인 생태계에 우려를 표시했다는 내용은 우리에게 시사하는 바가 큽니다.

한편, 1980년대 중반에 영국의 컴퓨터 회사 아콘 컴퓨터^{Acorn Computer}는 비즈니스용 고성능 컴퓨터를 만들기 위해 CPU 설계 방식 중 하나인 RISC^{Reduced Instruction Set Computer} 기반 CPU 아키텍처를 개발했습니다. 이것이 지금의 ARM^{Acorn RISC Machine}입니다. ARM은 당시 반도체 기업들이 주로 채택한 IDM 비즈니스 모델 대신 CPU 설계를 파는 사업 모델을 채택했습니다. 그리고 당시 IT 기업들이 SoC^{System on a Chip} 위주로 사업 전략을 짜면서 각 SoC 제조 업체들은 그에 적합한 CPU 설계를 찾게 되었죠. 특히나 ARM의 제품은 전력 소모가 극도로 적어 배터리로 작동해야 하는 모바일 제품에 최적화되어 있습니다. 그래서 퀄컴, 엔비디아, 미디어텍, 프리스케일, 하이실리콘 등 대부분의 팹리스 기업은 물론이고 애플, 삼성전자 등의 AP를 직접 만드는 휴대폰 업체들도 ARM의 고객입니다.

우리가 보통 팹리스는 설계, 파운드리는 제조, IDM은 설계와 제조 같은 공식으로 기억하는데요. 팹리스 기업들은 다시 ARM이라는 프로세서 설계 업체로부터 기술을 받아 자신들의 제품을 설계합니다. 마치 '연예인들의 연예인' 혹은 '가수들의 가수' 같은 느낌이지요. ARM처럼 자신의 제품 없이 IP^Intellectual Property^만 판매하는 기업을 칩리스^Chipless^라고 부르기도 합니다. 그리고 성격은 다르지만 특허 괴물^Patent Troll^도 일종의 칩리스 기업입니다.

엔비디아와 ARM이 각 분야에서 현재의 독보적인 위치를 구축할 수 있었던 것은 언어 체계와 설계 아키텍처 등 소프트웨어 파워가 큰 몫을 했다고 생각합니다. 3조 달러가 넘는 엔비디아의 시가총액 가운데 SW가 차지하는 비중이 얼마일지 궁금합니다.

설계 능력이 미래 반도체의 핵심 역량

한국 반도체가 10년 후에 살아남기 위한 세 번째 조건은 SW 역량 강화입니다. '슈퍼 '을' TSMC'에서 언급했듯이 TSMC는 파운드리 기업이지만 제조 능력만 강한 게 아니라 설계 능력도 뛰어납니다. 파운드리조차도 설계 능력이 중요한 경쟁력이라면 삼성전자와 SK하이닉스 같은 IDM은 말할 것도 없습니다.

반도체 공정 기술이 로직의 경우 2nm, DRAM의 경우 10nm 아래로 내려가면 독창적인 설계 능력을 지닌 기업과 그렇지 못한 기업 사이의 격차가 점점 벌어질 것으로 보고 있습니다. 실리콘 웨이퍼의 한계에 부딪혀 화합물 반도체 도입이 고민되지만, 웨이퍼를 바꾸는 것은 너무 큰 변화입니다. 결국에는 EVU 장비의 업그레이드 버전과 설계 최적화를 통해 문제를 해결하려 할 것입니다.

GPU가 AI 초기 시장에서 CPU를 압도한 것은 CPU의 복잡한 기능을 포기하는 대신 기능을 단순화해 속도를 높였기 때문입니다. 정확하게는 여전히 CPU가 명령을 내리고 GPU는 전자계산기 역할을 수행합니다. 다만, 명령을 내리는 CPU의 수요보다는 직접 연산하는 계산기의 수요가 더 많지요. 지휘관과 사병을 떠올리면 됩니다. 이렇게 작업을 수행하는 것이 CPU만으로 모든 시스템을 제어하는 것보다 빠르고 효율적이라는 것을 알게 되자 GPU의 시대가 온 것입니다. 결국에 아이디어와 알고리즘의 싸움인데요. 초미세공정 시대가 되면 DRAM과 NAND도 설계의 중요성이 더욱 커질 것입니다.

TSMC는 파운드리이므로 기본적인 설계는 팹리스 고객들의 책임입니다. 물론 팹리스 고객들도 대부분 ARM의 아키텍처를 받아 사용하겠지요. 그런데 IDM은 설계도 본인들의 몫입니다. 한국은 인력 양성 측면에서 볼 때 공정 엔지니어에 비해 설계 엔지니어 배출이 훨씬 적습니다. 예를 들어 공정 엔지니어의 전공 분야를 보면 재료공학, 물리학, 화학, 공업화학, 금속공학, 세라

믹공학, 전자공학 등 다양합니다. 반면 설계 엔지니어는 대부분 전자공학과 출신이지요. 대학교 정원 자체에서 비교가 되지 않습니다.

인재 육성이 미래 전략의 핵심

2019년 산업통상부 주도하에 전국 13개 대학에 설계 전공 트랙 과정을 개설했습니다. 하지만 내용을 조금만 자세히 들여다보면 기존에 있던 전자공학과에 반도체 설계 특화 과목을 추가로 개설하는 정도에 불과하기 때문에 인력 충원에 큰 도움이 되지는 않습니다. 기업들도 설계 인력 확보를 위해 해외 리쿠르트^{recruit} 등 많은 노력을 기울이고 있습니다. 그런데 정주 여건, 임금, 언어 등의 문제로 미국을 비롯한 외국에서 공부한 S급 인재를 한국에 유치하는 데 어려움을 겪고 있습니다.

문득 드는 생각이 요즘 전 세계적으로 음악 트렌드를 주도하고 있는 K-POP 기획사들의 방식을 도입하면 어떨까 하는 것입니다. 최근 국내만이 아니라 미국 빌보드 차트 상위권에 오르는 곡들을 보면 전 세계의 유명 작곡, 작사 전문가 풀^{pool}을 이용한 제작 기법이 대세입니다. 즉, 국적과 지역에 상관없이 전 세계에 흩어져 있는 실력 있는 아티스트들의 창작물을 조금씩 가져와 하나의 곡을 만들죠.

반도체 인력 이야기로 돌아가 해외에 있는 실력 있는 설계 인력을 한국으로 데리고 올 수 없다면 굳이 사람을 데리고 오지 말고 설계도만 가져오면 됩니다. 글로벌 공용 설계 플랫폼을 구축해서 운영하는 방법도 있습니다. 혹은 미국 등 주요 지역에 설계 전문 회사를 설립하고 그곳에서 근무하게 하는 것도 가능합니다.

공정 엔지니어들과의 커뮤니케이션 부분은 팬데믹 영향으로 이미 구축되어 있는 온라인 회의 시스템을 충분히 활용할 수 있습니다. 1년에 몇 차례 출장을 통해 대면 회의를 진행하는 것도 필요하겠지요. 공정 미세화의 한계에 가까워질수록 100명의 평범한 인재보다는 1명의 천재가 필요한 시점이 옵니다. 공정도 마찬가지겠지만 설계에서 특히 그럴 것입니다. 대부분의 사람이 문제를 해결하는 방법은 과거 경험에서 유추하는 것입니다.

아무도 가 본 적이 없는 단계에 도달하면 과거의 경험은 도움이 되질 않죠. 독창적이고 창의적인 아이디어와 이를 구체화시킬 수 있는 역량이 필요합니다. 잘못된 공정은 비교적 단기간에 해결할 수 있습니다. 그러나 잘못된 설계는 6개월, 혹은 1년을 허비할 수 있습니다. 설계만이 아니라 공정도 마찬가지인데요. 앞으로 반도체 공정 엔지니어들이 직면하게 될 난제難題들은 공학의 영역이 아니라 순수 물리와 화학의 영역이 될 것입니다. 즉, 반도체학과를 졸업한 공학도가 아니라 물리, 화학 분야에서 박사학위를 취득한 순수 과학자들을 많이 확보해야 합니다. 냉정하게 말하자면 반도체학과에서 4년 동안 배우는 내용은 회사에 들어오면 6개월이면 다 배울 수 있습니다.

| 04 |

독주가 아닌 합주를

한국 반도체가 10년 후에도 살아남기 위한 네 번째 조건은 공급망 전체의 균형 잡힌 성장과 협력입니다. 필자는 이를 가리켜 '합주'라는 표현을 사용하고자 합니다. 반도체 산업은 개인 연주가 아닌 오케스트라라고 생각하기 때문입니다. 전후방 산업의 파트너들과 유기적인 공조 체제를 갖추고 함께 성장해야 반도체 제조업도 성장할 수 있습니다.

그동안 한국의 반도체 산업은 체계적인 협력 시스템이 구축되지 않았습니다. 대부분 각개전투를 해 왔고, 지금도 그렇습니다. 그렇다고 중국처럼 정부 주도의 계획 경제 시스템으로 돌아갈 수도 없으니 더 어려운 것 같습니다.

[표 109] 반도체 밸류 체인

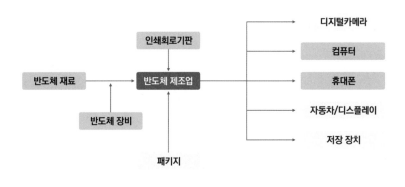

출처 : 이주완

[표 110] 중국 반도체 장비 국산화율(2022년)

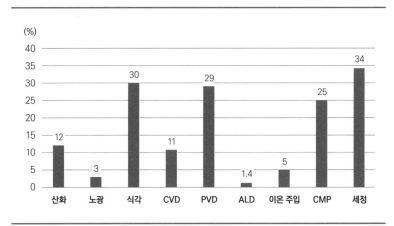

출처 : 트렌드포스

'중국의 반도체 굴기' 이야기를 하면서 10년 동안 180조 원이 투입되었다고 했는데요. 이 막대한 자금이 모두 칩 제조 능력 확장에 사용된 건 아닙니다. 팹리스, 파운드리, 장비, 소재 등 공급망 전체를 구축하고 있다는 느낌을 받습니다.

[표 110]은 2022년 중국의 반도체 장비 국산화율을 보여 줍니다. 한국과 마찬가지로 장비 분야별로 편차가 큰 편인데요. 평균적으로는 한국과 비슷한 20% 수준이 될 것 같네요. 한국의 국산화율이 낮은 PVD 장비 국산화율이 높은 것이 이채롭습니다.

중국과 한국의 반도체 공급망 비교

한국도 중국과 비슷하게 증착, 세정, 식각 분야의 국산화율이 높은 편입니다. 증착은 대부분 CVD^{Chemical Vapor Deposition}(화학 기상 증착) 계열이고 PVD^{Physical Vapor Deposition}(물리 기상 증착) 방식은 여전히 해외 의존도가 높다고 알고 있습니다. 중국의 경우 CVD 국산화율이 낮다 보니 유사한 기술을 사용하는 ALD^{Atomic Layer Deposition} 국산화율도 낮습니다.

노광, 이온 주입 등은 한국이나 중국 모두 취약합니다. 그럼에도 불구하고 반도체 장비의 불모지와 다름없던 중국의 국산화율이 이 정도 수준에 올랐다는 것은 우리에게 경각심을 갖게 합니다. 중국은 단순이 팹을 짓는 것이 아니라 반도체 생태계를 키우고 있습니다.

중국의 팹리스, 파운드리 생태계 성장은 아이러니하게도 미국에 의해 강제적으로 이루어졌습니다. 미국의 제재로 화웨이가 미국 기업들의 통신 칩을 구매할 수 없게 되자 화웨이의 팹리스 자회사인 하이실리콘이 설계하고 TSMC에서 제조를 맡았죠. 그러면서 중국의 팹리스 역량이 더욱 강화되었습니다.

데이터가 좀 오래되긴 했지만 2017년 중국 팹리스 Top 10과 한국 팹리스 Top 10의 매출을 비교한 적이 있습니다. 당시 중국 팹리스 매출 합계는 836억 위안(약 16.6조 원), 한국 팹리스 매출 합계는 88억 위안(약 1.7조 원)이었습니다. 중국 팹리스 규모가 10배 정도 되는 것이죠. 지금은 격차가 훨씬 크게 벌어졌을 것입니다.

한편 2018년 중국 팹리스 Top 10 매출은 전년 대비 13.3% 증가한 965.3억 위안(약 19.2조 원)을 달성했는데요. 당시 전 세계 팹리스 시장 총액을 기준으로 할 경우 중국의 시장점유율이 13%가 됩니다. 하나의 압도적인 기업은 아직 등장하지 않았지만 중국 팹리스 점유율은 미국, 싱가포르, 대만에 이어 4위에 해당합니다. 이후 미국의 화웨이 제재가 강화되며 TSMC에 압력을 넣어 하이실리콘이 설계한 칩을 제조할 수 없게 하자 화웨이 그룹은 중국 파운드리 기업인 SMIC를 이용하기 시작했습니다. 이때를 기점으로 중국 파운드리 역량이 한 단계 업그레이드되죠.

결국 2024년 3분기 기준, 글로벌 파운드리 Top 10에 SMIC, 화홍 그레이스, 넥스칩 등 중국 기업 세 곳이 이름을 올립니다. 심지어 SMIC는 대만의 UMC, 미국의 글로벌 파운드리를 밀어내고 3위를 차지합니다. 한국은 Top 10에 삼성전자 하나만 있는데요. 삼성전자와 SMIC의 점유율 차이는 3.3%p에 불과합니다.

자본 보존의 법칙이 적용되는 반도체 산업

많은 사람이 중국의 DRAM 시장점유율이 높아지는 것에만 신경을 쓰는 사이에 중국의 1조 위안은 팹리스, 파운드리, 장비, IDM, OSAT 등 전방위적인 생태계로 전환되고 있습니다. 8년 전에 필자가 외롭게 주장했던 '자본 보존의 법칙'입니다. 그나마 파운드리는 삼성전자가 아직 2위를 지키고 있지만 팹리스와 OSAT 쪽은 이미 중국의 경쟁 상대가 되지 않습니다.

팹리스는 살펴봤으니 OSAT 시장을 볼까요? 2022년 기준 한국 OSAT Top 10 기업의 매출 합계는 대만의 PTI^{Powertech Technology Inc.} 매출보다도 적습니다. 그런데 중국 JCET의 매출은 PTI의 두 배 정도 되지요. 그리고 중국 기업 가운데 OSAT Top 10에는 JCET 외에 TFME도 있는데요. 두 기업의 시장점유율을 합하면 21%가 넘습니다. 이제 미국이 노골적으로 직접 보조금을 주고 있으니 중국 정부의 보조금에 대해 아무도 시비를 걸 수 없게 되었습니다. 그리고 반도체 굴기 10년 동안 팹리스, OSAT 시장에서는 한국을 추월했고 파운드리 시장도 추월을 눈앞에 두고 있습니다.

이렇게 반도체 장비 국산화율 역시 한국과 비슷한 수준까지 올라온 것을 확인했습니다. 소재는 이미 한국을 앞서 있을 것입니다. 왜냐하면 2019년 일본이 핵심 소재의 수출을 금지했을 때 일본을 대체한 것이 중국이었으니까요. 아직 유일하게 압도적인 우위를 보이는 있는 것은 IDM뿐입니다.

한국은 삼성전자와 SK하이닉스라는 IDM의 두 거목을 키워냈지만 체계적으로 생태계를 육성하지 않았기 때문에 상당한 불균형 한가운데 있습니다. 연약한 연결고리가 있다는 것은 유사시 매우 큰 리스크를 감수해야 함을 의미합니다.

한국 반도체의 생존을 결정할 생태계

한국 반도체가 10년 후에도 살아남기 위한 마지막 퍼즐이 바로 생태계 강화입니다. 소수의 스타 플레이어 기업만으로는 미래를 장담할 수 없습니다. 지금 우리에게 필요한 것은 아름다운 합주를 들려줄 수 있는 오케스트라이기 때문이죠.

지금 정부가 할 수 있는 가장 큰 역할은 직접 보조금을 주는 게 아닙니다. 우리의 취약한 고리들이 튼튼해지고 반도체 생태계 전체가 고르게 발전하도록 협업 모델을 구축하는 것입니다. 이러한 협업 모델 구축을 기업 자체적으로 맡겨 두면 이해관계가 서로 다르기 때문에 실패할 수밖에 없습니다. 대기업은 보안 문제로 협력 업체들에게 팹을 제공하기를 꺼립니다. 소재, 부품, 장비 업체들은 기껏 공동 개발하고 기술을 대기업에 빼앗기는 것을 우려합니다.

따라서 정부가 공동으로 보증하고 기술 소유권 보장, 보안 유지, 공동 개발 후 의무 구매 등 상생 협약을 맺도록 해야 합니다. 중이 제 머리 못 깎는다는 속담이 있듯이 당사자들끼리 해결하기 어려운 예민한 부분들을 정부가 적극 나서 주면 쉽게 풀리는 경우가 많이 있습니다. 상생 플랫폼이 구축되면 대기업과 중소기업, 칩 메이커와 소재, 부품, 장비 기업, 그리고 팹리스, 파운드리, OSAT까지 각자의 장점을 살리고 필요한 부분을 서로 도우며 함께 성장할 수 있습니다.

중국이 페어플레이를 하지 않는다고 불평한다고 해서 문제가 해결되지는 않습니다. 모두가 비웃었지만 중국이 10년 동안 이루어 낸 결과는 인정해야겠지요. 과거를 되돌릴 수는 없으니 10년 후 한국 반도체가 살아남기 위한 전략을 세울 때입니다.

『반도체 패권전쟁』에서 다룬 메모리 치킨게임의 역사, 파운드리에 대한 고찰, 반도체와 2차전지가 중요한 이유, 한국 반도체의 6가지 취약점, 반도체 패권전쟁의 현재와 미래, 그리고 10년 후 한국 반도체가 살아남기 위한 4가지 제언이 10년 후 한국 반도체 생존을 확약하는 작은 첫걸음이 되었으면 좋겠습니다.